Granja de Python: De Principiante a Experto

Este libro es una guía completa para aquellos que buscan dominar Python, desde sus conceptos básicos hasta temas avanzados como machine learning, desarrollo web, y procesamiento de lenguaje natural. A través de ejemplos prácticos y explicaciones claras, aprenderás a escribir código eficiente y a crear aplicaciones robustas.

- Aprende desde los fundamentos: variables, estructuras de control y funciones.
- Domina la Programación Orientada a Objetos y el manejo de archivos.
- Explora concurrencia y paralelismo para mejorar el rendimiento de tus aplicaciones.
- Desarrolla aplicaciones web con Flask y crea APIs RESTful.
- Sumérgete en machine learning y deep learning con TensorFlow y PyTorch.
- Aplica técnicas avanzadas de NLP para construir chatbots inteligentes.
- Mejora tu código con buenas prácticas, pruebas unitarias y herramientas de análisis de código.

Ideal para estudiantes, desarrolladores principiantes y expertos que buscan perfeccionar sus habilidades en Python.

Sobre el autor

Daedalus, una figura enigmática en la comunidad de la programación, ha dedicado su vida a descubrir y compartir secretos profundos de la codificación. Conocido por sus soluciones innovadoras y su habilidad para encontrar atajos que desafían las normas, Daedalus ofrece en este libro no solo conocimiento técnico, sino también una visión filosófica sobre el arte de programar.

"El código bien escrito no solo resuelve problemas, sino que también inspira y transforma la manera en que vemos el mundo." – Daedalus

Prólogo

Python es más que un simple lenguaje de programación; es una herramienta poderosa que ha transformado la forma en que interactuamos con la tecnología. Desde sus inicios humildes como un lenguaje orientado a la simplicidad, hasta convertirse en el pilar de tecnologías avanzadas como la inteligencia artificial y el desarrollo web, Python ha capturado el interés de programadores de todos los niveles.

El objetivo de este libro es guiarte en un viaje de descubrimiento a través de Python, desde los fundamentos más básicos hasta las técnicas más avanzadas que este lenguaje puede ofrecer. A lo largo de sus páginas, aprenderás a dominar las estructuras de datos, a crear aplicaciones web dinámicas, a explorar el fascinante mundo del machine learning, y a descubrir cómo el procesamiento de lenguaje natural puede cambiar la manera en que las máquinas entienden y responden al mundo humano.

Este no es solo un libro de programación. Es un mapa hacia la maestría, diseñado para mostrarte cómo escribir código que no solo funcione, sino que también sea elegante y eficiente. Desde ejemplos simples hasta proyectos más complejos, mi esperanza es que este libro no solo te enseñe Python, sino que también te inspire a ver el código como una forma de arte, un medio para resolver problemas y expresar creatividad.

Durante mi carrera, he aprendido que programar es tanto una ciencia como un arte. Cada línea de código es un paso hacia una solución, pero también es una expresión de cómo abordamos los problemas. Escribimos código no solo para la máquina, sino para nosotros mismos y para aquellos que lo leerán y trabajarán con él después de nosotros. El legado de un buen programador no es solo en las soluciones que crea, sino en la claridad, precisión y belleza de su código.

Con esto en mente, te invito a sumergirte en las siguientes páginas, a explorar los ejemplos y ejercicios, y a desafiarte a ti mismo a encontrar soluciones nuevas y creativas a los problemas planteados. Que este libro sea una herramienta que te ayude a crecer, no solo como programador, sino como alguien capaz de ver más allá de las líneas de código, y a usar Python como el medio para transformar ideas en realidades.

Bienvenido a tu viaje por el mundo de Python.

Prefacio

La idea de escribir este libro surgió de una simple pregunta: ¿cómo puedo enseñar Python de una manera que inspire y empodere tanto a principiantes como a programadores experimentados? En una época en la que el acceso a la información es casi ilimitado, encontrar recursos que sean claros, concisos y profundos al mismo tiempo puede ser un desafío. Mi objetivo al crear este libro ha sido ofrecer una guía completa que no solo te enseñe a programar en Python, sino que también te proporcione el contexto, las herramientas y las buenas prácticas que necesitas para convertirte en un desarrollador altamente competente.

Este libro está diseñado para ser una referencia tanto para quienes están dando sus primeros pasos en la programación como para aquellos que desean perfeccionar sus habilidades en áreas avanzadas, como el machine learning o el desarrollo web. Cada capítulo ha sido estructurado con la intención de llevarte de la teoría a la práctica, desde conceptos básicos hasta temas más complejos, siempre con ejemplos claros y ejercicios que te permitirán aplicar lo aprendido en proyectos reales.

He incluido también un capítulo oculto, lleno de trucos y consejos que he recogido a lo largo de los años, con la esperanza de que puedan proporcionarte una ventaja en situaciones donde la creatividad y la eficiencia son clave. Estos "trucos de Daedalus" están ahí para recordarte que la programación no es solo una ciencia exacta, sino también un arte que puede mejorar con soluciones inesperadas.

A lo largo de mi carrera, he visto cómo el mundo del desarrollo cambia rápidamente, pero hay algo que permanece constante: la necesidad de aprender continuamente y adaptarse. Es mi deseo que este libro se convierta en un compañero en tu viaje de aprendizaje, ayudándote no solo a adquirir conocimientos técnicos, sino también a adoptar una mentalidad abierta y curiosa frente a los desafíos que enfrentarás como desarrollador.

Es posible que ya hayas escrito tu primera línea de código o estés a punto de hacerlo. Cualquiera sea el caso, mi consejo es que nunca dejes de aprender y experimentar. Python es un lenguaje tan versátil que, con dedicación y práctica, puedes construir desde aplicaciones sencillas hasta sistemas complejos que solucionen problemas reales. Este libro es tu herramienta para explorar ese potencial.

Agradezco profundamente a todos aquellos que han inspirado y apoyado este proyecto. A los lectores, gracias por embarcarte en esta aventura junto conmigo. Mi esperanza es que este libro te inspire, te rete y te acompañe a lo largo de tu carrera en el mundo de la programación.

Índice

1. **Prólogo**
2. **Prefacio**
3. **Capítulo 1: Introducción a Python**
    - Historia y evolución de Python
    - Instalación y configuración del entorno

- Primer programa: "Hola, mundo"

4. **Capítulo 2: Tipos de datos y variables**
    - Números, cadenas y booleanos
    - Listas, tuplas, y diccionarios
    - Conversión de tipos

5. **Capítulo 3: Estructuras de control**
    - Condicionales (`if`, `else`, `elif`)
    - Bucles (`for`, `while`)
    - Manejo de excepciones (`try`, `except`)

6. **Capítulo 4: Funciones y módulos**
    - Definición de funciones
    - Argumentos y parámetros
    - Importación y creación de módulos

7. **Capítulo 5: Programación Orientada a Objetos**
    - Clases y objetos
    - Herencia y polimorfismo
    - Encapsulamiento y abstracción

8. **Capítulo 6: Módulos y Paquetes**
    - Qué son los módulos
    - Creación de paquetes
    - Instalación de paquetes externos con `pip`

9. **Capítulo 7: Trabajo con archivos**
    - Lectura y escritura de archivos de texto
    - Manejo de archivos CSV y JSON

- Uso de rutas y gestión de archivos
10. **Capítulo 8: Concurrencia y paralelismo**
    - Hilos en Python (`threading`)
    - Procesos paralelos (`multiprocessing`)
    - Programación asíncrona (`asyncio`)
11. **Capítulo 9: Desarrollo Web con Python**
    - Introducción a Flask
    - Rutas y métodos HTTP
    - Plantillas HTML con Jinja2
    - Bases de datos en Flask con SQLAlchemy
12. **Capítulo 10: Machine Learning y Ciencia de Datos**
    - Introducción al aprendizaje automático con `scikit-learn`
    - Redes neuronales con `TensorFlow` y `PyTorch`
    - Procesamiento de datos y entrenamiento de modelos
13. **Capítulo 11: Redes Neuronales y Deep Learning**
    - Conceptos básicos de deep learning
    - Redes neuronales convolucionales (CNN)
    - Redes neuronales recurrentes (RNN)
14. **Capítulo 12: Procesamiento de Lenguaje Natural (NLP)**
    - Tokenización, lematización y stopwords
    - Análisis de sentimientos
    - Uso de spaCy y Transformers
15. **Capítulo 13: Creación de Chatbots usando NLP**

        - Tipos de chatbots
        - Chatbots basados en reglas
        - Chatbots avanzados con `ChatterBot` y `Transformers`
16. **Capítulo 14: Buenas prácticas y herramientas avanzadas**
        - Estilo de código con PEP 8
        - Documentación del código
        - Pruebas unitarias con `unittest` y `pytest`
        - Herramientas de análisis de código: `mypy`, `pylint`
17. **Capítulo 15: Proyecto final: Desarrollo de una aplicación completa**
        - Integración de conocimientos en un proyecto práctico
        - Ejemplos de aplicaciones como una web, una herramienta de análisis o un sistema automatizado

Capítulo Oculto: Trucos de Daedalus

- Consejos avanzados de programación
- Atajos y técnicas ocultas para optimizar el código
- Soluciones creativas a problemas complejos

Postfacio

- Reflexiones sobre el libro y la experiencia de aprendizaje

Agradecimientos

- Agradecimientos a colaboradores, lectores y personas clave en el desarrollo del libro

Capítulo 1: Introducción a Python

1.1 ¿Qué es Python?

Python es un lenguaje de programación de alto nivel, interpretado y de propósito general, conocido por su sintaxis simple y su facilidad de uso. Fue creado por Guido van Rossum y lanzado por primera vez en 1991. Python es muy popular debido a su simplicidad, lo que lo hace ideal para principiantes, así como a su versatilidad, ya que se utiliza en una amplia gama de aplicaciones, desde desarrollo web hasta análisis de datos y machine learning.

1.2 Características clave de Python

- **Sintaxis clara y legible**: El código en Python se parece mucho al lenguaje humano, lo que facilita su lectura y comprensión.
- **Interpretado**: Python ejecuta el código línea por línea, lo que simplifica la depuración.
- **Tipado dinámico**: No es necesario declarar el tipo de una variable; Python lo infiere automáticamente.
- **Multiplataforma**: Python puede ejecutarse en diferentes sistemas operativos como Windows, macOS y Linux sin necesidad de cambios en el código.
- **Extensible**: Python se puede extender fácilmente con bibliotecas y módulos, lo que permite añadir funcionalidad sin reinventar la rueda.

1.3 Instalación de Python

Antes de escribir código en Python, es necesario instalar el intérprete de Python. A continuación, te mostramos cómo hacerlo en los principales sistemas operativos.

Instalación en Windows:

1. Descarga la última versión de Python desde el sitio oficial python.org.
2. Ejecuta el instalador y asegúrate de marcar la casilla **"Add Python to PATH"** para que Python esté disponible desde la terminal.

3. Una vez completada la instalación, abre el **Símbolo del sistema** y escribe:

   ```
   python --version
   ```

   Esto debería mostrar la versión instalada de Python.

Instalación en macOS:

1. Abre la **Terminal** y ejecuta el siguiente comando para instalar Python utilizando Homebrew:

   ```
   brew install python
   ```

2. Verifica la instalación escribiendo:

   ```
   python3 --version
   ```

Instalación en Linux:

1. Abre la terminal y ejecuta los siguientes comandos según la distribución:

   - **Ubuntu/Debian**:

     ```
     sudo apt update
     sudo apt install python3
     ```

   - **Fedora**:

     ```
     sudo dnf install python3
     ```

2. Verifica la instalación con:

```
python3 --version
```

1.4 Primeros pasos con Python

Ahora que has instalado Python, probemos algunos comandos básicos. Puedes usar el **Intérprete interactivo de Python** o escribir tus scripts en un archivo `.py`.

Ejecución en el intérprete interactivo:

1. Abre una terminal o símbolo del sistema.
2. Escribe `python` o `python3` y presiona Enter. Verás algo como esto:

```
Python 3.x.x (default, xxxx)
Type "help", "copyright", "credits" or "license"
for more information.
>>>
```

3. En el prompt (`>>>`), puedes escribir directamente código Python y obtener resultados inmediatos. Prueba este ejemplo:

```
print("¡Hola, mundo!")
```

Esto mostrará:

```
¡Hola, mundo!
```

Escribiendo tu primer script:

1. Abre un editor de texto o un IDE como Visual Studio Code, PyCharm o Sublime Text.
2. Crea un archivo llamado `hola_mundo.py` con el siguiente contenido:

```python
print("¡Hola, mundo!")
```

3. Guarda el archivo y ejecútalo desde la terminal:

```
python hola_mundo.py
```

Deberías ver:

```
¡Hola, mundo!
```

1.5 Sintaxis básica de Python

Variables

En Python, no es necesario declarar variables con un tipo de dato específico. Puedes asignar un valor directamente:

```python
x = 5
nombre = "Juan"
pi = 3.14159
```

Tipos de datos

Python soporta varios tipos de datos básicos:

- **Enteros** (`int`): Números enteros, como `42`, `-7`, `100000`.
- **Números flotantes** (`float`): Números con decimales, como `3.14`, `0.001`.
- **Cadenas de texto** (`str`): Cadenas de caracteres, como `"Hola"`, `"Python"`.
- **Booleanos** (`bool`): Verdadero o falso, representado como `True` o `False`.

Ejemplo:

```
edad = 25  # Entero
pi = 3.14159  # Flotante
es_estudiante = True  # Booleano
nombre = "Alice"  # Cadena
```

Operadores

Python soporta operadores aritméticos comunes:

```
a = 10
b = 3
print(a + b)   # Suma
print(a - b)   # Resta
print(a * b)   # Multiplicación
print(a / b)   # División (devuelve un float)
print(a // b)  # División entera
print(a % b)   # Módulo
print(a ** b)  # Exponenciación
```

Comentarios

Puedes añadir comentarios a tu código con el símbolo `#`. Los comentarios no son ejecutados por Python y son útiles para documentar el código:

```python
# Esto es un comentario
print("¡Hola!")  # Esto también es un comentario
```

1.6 Entrada y salida de datos

Puedes solicitar entrada del usuario con la función `input()`:

```python
nombre = input("¿Cómo te llamas? ")
print("Hola, " + nombre + "!")
```

Este código pide el nombre del usuario y lo imprime en pantalla.

1.7 Ejercicio práctico

Escribe un programa que pida al usuario su nombre y edad, y luego imprima un mensaje personalizado:

```python
nombre = input("¿Cuál es tu nombre? ")
edad = input("¿Cuántos años tienes? ")

# Convertir la edad a entero
edad = int(edad)

print(f"Hola {nombre}, tienes {edad} años.")
```

Este es un resumen básico para comenzar a familiarizarse con Python. En los próximos capítulos, profundizaremos en temas más avanzados como control de flujo y funciones.

Capítulo 2: Control de flujo

El control de flujo en Python te permite dirigir la ejecución de tu programa dependiendo de ciertas condiciones. En este capítulo, aprenderás a usar estructuras condicionales, bucles y manejo de excepciones para controlar cómo se ejecuta el código en diferentes situaciones.

2.1 Estructuras condicionales

Las estructuras condicionales permiten ejecutar un bloque de código si se cumple una condición específica. La estructura más común es `if`.

2.1.1 `if, elif, else`

La sentencia `if` evalúa una condición y ejecuta el bloque de código correspondiente si la condición es `True`. Si no se cumple, puedes usar `else` para ejecutar un bloque alternativo o `elif` para evaluar más condiciones.

Ejemplo básico de `if`:

```python
pythonCopiar códigoedad = 20

if edad >= 18:
    print("Eres mayor de edad.")
```

Ejemplo con `if`, `elif` y `else`:

```python
edad = 16

if edad >= 18:
    print("Eres mayor de edad.")
elif edad >= 13:
    print("Eres adolescente.")
else:
    print("Eres un niño.")
```

En este ejemplo, el programa verifica si la persona es mayor de edad, si es adolescente, o si es un niño.

2.1.2 Operadores de comparación

Las condiciones en las estructuras condicionales suelen usar operadores de comparación para evaluar valores. Los operadores más comunes son:

- `==` : Igual a
- `!=` : Distinto de
- `>` : Mayor que
- `<` : Menor que
- `>=` : Mayor o igual que
- `<=` : Menor o igual que

Ejemplo:

```python
x = 10
y = 5

if x > y:
    print(f"{x} es mayor que {y}")
```

2.1.3 Operadores lógicos

Puedes combinar varias condiciones usando operadores lógicos:

- **and** : Todas las condiciones deben ser verdaderas.
- **or** : Al menos una condición debe ser verdadera.
- **not** : Invierte el valor lógico.

Ejemplo con operadores lógicos:

```python
edad = 22
tiene_licencia = True

if edad >= 18 and tiene_licencia:
    print("Puedes conducir.")
else:
    print("No puedes conducir.")
```

2.2 Bucles

Los bucles permiten repetir un bloque de código varias veces. Python tiene dos tipos de bucles: `while` y `for`.

2.2.1 Bucle while

El bucle while ejecuta un bloque de código mientras una condición sea True.

Sintaxis:

```python
while condicion:
    # código que se ejecuta repetidamente
```

Ejemplo básico de while:

```python
contador = 0

while contador < 5:
    print(f"Contador: {contador}")
    contador += 1
```

En este ejemplo, el bucle se ejecuta mientras contador sea menor que 5.

2.2.2 Bucle for

El bucle for itera sobre una secuencia, como una lista, tupla o cadena de caracteres.

Sintaxis:

```python
for elemento in secuencia:
    # código que se ejecuta para cada elemento
```

Ejemplo con una lista:

```python
numeros = [1, 2, 3, 4, 5]

for numero in numeros:
    print(f"Número: {numero}")
```

2.2.3 La función range()

La función `range()` genera una secuencia de números, útil para iterar en un bucle `for`.

Ejemplo:

```python
for i in range(5):
    print(i)
```

Este código imprime los números del 0 al 4. Puedes especificar un rango con inicio y fin:

```python
for i in range(1, 6):
    print(i)
```

Esto imprime los números del 1 al 5.

2.2.4 break y continue

- **break**: Termina el bucle de inmediato.
- **continue**: Salta a la siguiente iteración del bucle.

Ejemplo de break:

```python
for i in range(10):
    if i == 5:
        break
    print(i)
```

Este bucle se detendrá cuando `i` sea igual a 5.

Ejemplo de `continue`:

```python
for i in range(5):
    if i == 2:
        continue
    print(i)
```

Este código saltará la iteración cuando `i` sea igual a 2, por lo que no imprimirá ese número.

2.3 Manejo de excepciones

El manejo de excepciones permite tratar errores que ocurren durante la ejecución de un programa sin que el programa falle completamente. Esto se logra con las sentencias `try`, `except`, `else` y `finally`.

2.3.1 `try` y `except`

Cuando sospechas que un bloque de código podría generar un error, puedes envolverlo en una estructura `try-except`.

Ejemplo básico:

```python
Copiar código
try:
    numero = int(input("Introduce un número: "))
    print(f"Has introducido el número {numero}.")
except ValueError:
    print("Eso no es un número válido.")
```

En este ejemplo, si el usuario introduce algo que no se puede convertir en un número, se mostrará un mensaje de error en lugar de que el programa se detenga abruptamente.

2.3.2 else y finally

- **else**: Se ejecuta si no se produce ninguna excepción.
- **finally**: Se ejecuta siempre, haya o no excepciones, y es útil para cerrar recursos o realizar acciones de limpieza.

Ejemplo con else y finally:

```python
Copiar código
try:
    numero = int(input("Introduce un número: "))
except ValueError:
    print("Eso no es un número válido.")
else:
    print(f"El número es {numero}.")
finally:
    print("Fin del programa.")
```

En este ejemplo:

- Si el usuario introduce un número válido, se imprime el número y luego "Fin del programa".
- Si ocurre una excepción, solo se imprime el mensaje de error y "Fin del programa".

2.4 Ejercicio práctico

Ejercicio 1: Adivina el número

Escribe un programa que genere un número aleatorio entre 1 y 100, y pida al usuario que lo adivine. El programa debe indicar si el número introducido es mayor o menor que el número secreto, y finalizar cuando el usuario lo adivine.

```python
pythonCopiar códigoimport random

numero_secreto = random.randint(1, 100)
intento = None

while intento != numero_secreto:
    intento = int(input("Adivina el número entre 1 y 100: "))

    if intento < numero_secreto:
        print("Demasiado bajo.")
    elif intento > numero_secreto:
        print("Demasiado alto.")
    else:
        print("¡Felicidades! Adivinaste el número.")
```

Este ejercicio pone en práctica el control de flujo con bucles y condicionales, además de usar la función `random` para generar el número aleatorio.

Este es el contenido del **Capítulo 2** sobre el control de flujo en Python. En el siguiente capítulo podríamos explorar las funciones y cómo estructurar mejor el código.

Aquí tienes el **Capítulo 2** de nuestro libro de Python, donde abordaremos el control de flujo en la programación:

Capítulo 2: Control de flujo

El control de flujo en Python te permite dirigir la ejecución de tu programa dependiendo de ciertas condiciones. En este capítulo, aprenderás a usar estructuras condicionales, bucles y manejo de excepciones para controlar cómo se ejecuta el código en diferentes situaciones.

2.1 Estructuras condicionales

Las estructuras condicionales permiten ejecutar un bloque de código si se cumple una condición específica. La estructura más común es `if`.

2.1.1 `if, elif, else`

La sentencia `if` evalúa una condición y ejecuta el bloque de código correspondiente si la condición es `True`. Si no se cumple, puedes usar `else` para ejecutar un bloque alternativo o `elif` para evaluar más condiciones.

Ejemplo básico de `if`:

```
edad = 20

if edad >= 18:
    print("Eres mayor de edad.")
```

Ejemplo con `if, elif y else`:

```
edad = 16

if edad >= 18:
    print("Eres mayor de edad.")
elif edad >= 13:
    print("Eres adolescente.")
else:
    print("Eres un niño.")
```

En este ejemplo, el programa verifica si la persona es mayor de edad, si es adolescente, o si es un niño.

2.1.2 Operadores de comparación

Las condiciones en las estructuras condicionales suelen usar operadores de comparación para evaluar valores. Los operadores más comunes son:

- == : Igual a
- != : Distinto de
- \> : Mayor que
- < : Menor que
- \>= : Mayor o igual que
- <= : Menor o igual que

Ejemplo:

```
x = 10
y = 5

if x > y:
    print(f"{x} es mayor que {y}")
```

2.1.3 Operadores lógicos

Puedes combinar varias condiciones usando operadores lógicos:

- **and** : Todas las condiciones deben ser verdaderas.
- **or** : Al menos una condición debe ser verdadera.
- **not** : Invierte el valor lógico.

Ejemplo con operadores lógicos:

```
edad = 22
tiene_licencia = True

if edad >= 18 and tiene_licencia:
    print("Puedes conducir.")
else:
    print("No puedes conducir.")
```

2.2 Bucles

Los bucles permiten repetir un bloque de código varias veces. Python tiene dos tipos de bucles: `while` y `for`.

2.2.1 Bucle `while`

El bucle `while` ejecuta un bloque de código mientras una condición sea `True`.

Sintaxis:

```
while condicion:
    # código que se ejecuta repetidamente
```

Ejemplo básico de `while`:

```
contador = 0

while contador < 5:
    print(f"Contador: {contador}")
    contador += 1
```

En este ejemplo, el bucle se ejecuta mientras `contador` sea menor que 5.

2.2.2 Bucle `for`

El bucle `for` itera sobre una secuencia, como una lista, tupla o cadena de caracteres.

Sintaxis:

```
for elemento in secuencia:
    # código que se ejecuta para cada elemento
```

Ejemplo con una lista:

```python
numeros = [1, 2, 3, 4, 5]

for numero in numeros:
    print(f"Número: {numero}")
```

2.2.3 La función range()

La función `range()` genera una secuencia de números, útil para iterar en un bucle `for`.

Ejemplo:

```python
for i in range(5):
    print(i)
```

Este código imprime los números del 0 al 4. Puedes especificar un rango con inicio y fin:

```python
for i in range(1, 6):
    print(i)
```

Esto imprime los números del 1 al 5.

2.2.4 break y continue

- **break**: Termina el bucle de inmediato.
- **continue**: Salta a la siguiente iteración del bucle.

Ejemplo de `break`:

```python
for i in range(10):
    if i == 5:
        break
    print(i)
```

Este bucle se detendrá cuando `i` sea igual a 5.

Ejemplo de `continue`:

```python
for i in range(5):
    if i == 2:
        continue
    print(i)
```

Este código saltará la iteración cuando `i` sea igual a 2, por lo que no imprimirá ese número.

2.3 Manejo de excepciones

El manejo de excepciones permite tratar errores que ocurren durante la ejecución de un programa sin que el programa falle completamente. Esto se logra con las sentencias `try`, `except`, `else` y `finally`.

2.3.1 `try` y `except`

Cuando sospechas que un bloque de código podría generar un error, puedes envolverlo en una estructura `try-except`.

Ejemplo básico:

```
try:
    numero = int(input("Introduce un número: "))
    print(f"Has introducido el número {numero}.")
except ValueError:
    print("Eso no es un número válido.")
```

En este ejemplo, si el usuario introduce algo que no se puede convertir en un número, se mostrará un mensaje de error en lugar de que el programa se detenga abruptamente.

2.3.2 else y finally

- **else**: Se ejecuta si no se produce ninguna excepción.
- **finally**: Se ejecuta siempre, haya o no excepciones, y es útil para cerrar recursos o realizar acciones de limpieza.

Ejemplo con else y finally:

```
try:
    numero = int(input("Introduce un número: "))
except ValueError:
    print("Eso no es un número válido.")
else:
    print(f"El número es {numero}.")
finally:
    print("Fin del programa.")
```

En este ejemplo:

- Si el usuario introduce un número válido, se imprime el número y luego "Fin del programa".
- Si ocurre una excepción, solo se imprime el mensaje de error y "Fin del programa".

2.4 Ejercicio práctico

Ejercicio 1: Adivina el número

Escribe un programa que genere un número aleatorio entre 1 y 100, y pida al usuario que lo adivine. El programa debe indicar si el número introducido es mayor o menor que el número secreto, y finalizar cuando el usuario lo adivine.

```python
import random

numero_secreto = random.randint(1, 100)
intento = None

while intento != numero_secreto:
    intento = int(input("Adivina el número entre 1 y 100: "))

    if intento < numero_secreto:
        print("Demasiado bajo.")
    elif intento > numero_secreto:
        print("Demasiado alto.")
    else:
        print("¡Felicidades! Adivinaste el número.")
```

Este ejercicio pone en práctica el control de flujo con bucles y condicionales, además de usar la función `random` para generar el número aleatorio.

Este es el contenido del **Capítulo 2** sobre el control de flujo en Python. En el siguiente capítulo podríamos explorar las funciones y cómo estructurar mejor el código.

Capítulo 3: Funciones y Programación Estructurada

Una función es un bloque de código reutilizable que se puede invocar cuando sea necesario. Las funciones permiten estructurar y organizar el código de manera más eficiente y legible. En este capítulo, aprenderemos a definir funciones, pasarles parámetros, devolver valores y mucho más.

3.1 ¿Qué es una función?

Una función es un bloque de código que realiza una tarea específica y puede ser llamado cuando sea necesario. Python tiene muchas funciones incorporadas, como `print()`, pero también puedes definir tus propias funciones.

3.2 Definiendo una función

Para definir una función en Python, utilizamos la palabra clave `def`, seguida del nombre de la función y paréntesis. El cuerpo de la función debe estar indentado.

Sintaxis básica:

```
def nombre_funcion():
    # Bloque de código
    pass
```

La palabra clave `pass` se utiliza como marcador de posición para una función vacía. No hace nada, pero evita que Python arroje un error si no hay código.

Ejemplo básico:

```python
def saludar():
    print("¡Hola, mundo!")
```

Aquí hemos definido una función llamada `saludar` que imprime un saludo. Para llamarla:

```python
saludar()
```

Esto imprimirá:

```
¡Hola, mundo!
```

3.3 Parámetros y argumentos

Las funciones pueden aceptar **parámetros**, que son valores que se pasan a la función para que la función los utilice. Cuando llamas a la función, los valores que le pasas se denominan **argumentos**.

Ejemplo con parámetros:

```python
def saludar(nombre):
    print(f"¡Hola, {nombre}!")
```

En este ejemplo, `nombre` es un parámetro. Para llamar a la función y pasarle un argumento:

```python
saludar("Carlos")
```

Esto imprimirá:

```
¡Hola, Carlos!
```

Múltiples parámetros:

Puedes definir funciones con varios parámetros.

```python
def sumar(a, b):
    return a + b
```

Llamando a la función con dos argumentos:

```python
resultado = sumar(5, 3)
print(resultado)  # Imprime 8
```

3.4 Valores de retorno

Las funciones pueden devolver valores mediante la palabra clave `return`. Una vez que Python encuentra `return`, termina la ejecución de la función y devuelve el valor especificado.

Ejemplo:

```python
def multiplicar(x, y):
    return x * y
```

Para usar el valor devuelto:

```
resultado = multiplicar(4, 5)
print(resultado)  # Imprime 20
```

3.5 Argumentos predeterminados

Puedes definir valores predeterminados para los parámetros de una función. Esto permite llamar a la función sin especificar argumentos para esos parámetros.

Ejemplo:

```
def saludar(nombre="amigo"):
    print(f"¡Hola, {nombre}!")
```

Si llamas a la función sin argumentos, usará el valor predeterminado:

```
saludar()  # Imprime "¡Hola, amigo!"
```

Si proporcionas un argumento, ese valor se usará en su lugar:

```
saludar("Lucía")  # Imprime "¡Hola, Lucía!"
```

3.6 Argumentos y parámetros arbitrarios

A veces no sabes cuántos argumentos se van a pasar a una función. En ese caso, puedes usar *args para recibir una cantidad arbitraria de argumentos como una tupla.

Ejemplo:

```python
def sumar_todo(*args):
    return sum(args)
```

Aquí *args permite que la función acepte cualquier número de argumentos:

```python
resultado = sumar_todo(1, 2, 3, 4)
print(resultado)  # Imprime 10
```

Si necesitas un conjunto de **pares clave-valor**, usa **kwargs, que permite manejar argumentos con nombre como un diccionario.

Ejemplo:

```python
def mostrar_info(**kwargs):
    for clave, valor in kwargs.items():
        print(f"{clave}: {valor}")
```

Llamada de la función:

```python
mostrar_info(nombre="Carlos", edad=30)
```

Esto imprimirá:

```
nombre: Carlos
edad: 30
```

3.7 Funciones Lambda

Una función **lambda** es una función anónima que se define en una sola línea. Se utiliza principalmente para funciones simples y rápidas.

Sintaxis:

```
lambda parametros: expresion
```

Ejemplo básico:

```
doblar = lambda x: x * 2
print(doblar(5))   # Imprime 10
```

Las funciones lambda también pueden tener múltiples parámetros:

```
sumar = lambda a, b: a + b
print(sumar(3, 4))   # Imprime 7
```

3.8 Alcance de las variables

El **alcance** se refiere a la visibilidad de las variables en diferentes partes del código. Python tiene dos tipos principales de alcance:

- **Alcance local**: Variables definidas dentro de una función solo son accesibles dentro de esa función.
- **Alcance global**: Variables definidas fuera de una función son accesibles en todo el programa.

Ejemplo de alcance local:

```
def funcion():
    x = 10   # Variable local
    print(x)

funcion()   # Imprime 10
print(x)    # Esto dará un error, ya que x no está
definida en el ámbito global
```

Ejemplo de alcance global:

```
x = 5   # Variable global

def funcion():
    print(x)

funcion()   # Imprime 5
```

Si necesitas modificar una variable global dentro de una función, usa la palabra clave `global`:

```
x = 5

def modificar_global():
    global x
    x = 10

modificar_global()
print(x)   # Imprime 10
```

3.9 Documentación de funciones

Es importante documentar las funciones para que otros (y tú mismo) puedan entender el propósito y uso de cada función. Esto se hace con cadenas de documentación o **docstrings**.

Ejemplo:

```
def sumar(a, b):
    """
    Esta función recibe dos números y devuelve su suma.

    Parámetros:
    a -- el primer número
    b -- el segundo número

    Retorna:
    La suma de a y b.
    """
    return a + b
```

Puedes acceder a la documentación de una función utilizando la función `help()` o el atributo `__doc__`.

```
print(sumar.__doc__)
```

3.10 Ejercicio práctico

Ejercicio 1: Calculadora básica

Escribe una función llamada `calculadora` que acepte tres argumentos: dos números y una operación (`'sumar'`, `'restar'`, `'multiplicar'`, `'dividir'`). La función debe realizar la operación correspondiente y devolver el resultado.

```python
def calculadora(a, b, operacion):
    if operacion == 'sumar':
        return a + b
    elif operacion == 'restar':
        return a - b
    elif operacion == 'multiplicar':
        return a * b
    elif operacion == 'dividir':
        if b != 0:
            return a / b
        else:
            return "Error: No se puede dividir por cero."
    else:
        return "Operación no válida."

# Prueba
resultado = calculadora(10, 5, 'multiplicar')
print(resultado)  # Imprime 50
```

Este ejercicio pone en práctica el uso de funciones, condicionales y el retorno de valores.

Este es el contenido del **Capítulo 3** sobre funciones y programación estructurada. En el próximo capítulo, podríamos abordar las estructuras de datos como listas, tuplas y diccionarios.

Capítulo 4: Estructuras de Datos

Las estructuras de datos permiten almacenar y organizar grandes cantidades de información de manera eficiente. Python ofrece varias estructuras de datos incorporadas, como listas, tuplas, conjuntos y diccionarios. En este capítulo, exploraremos cada una de ellas, cómo manipularlas y cuándo usarlas.

4.1 Listas

Las **listas** son una estructura de datos mutable que puede almacenar una colección de elementos, sin importar su tipo de dato (números, cadenas, otras listas, etc.). Las listas son muy flexibles y permiten añadir, eliminar y modificar elementos.

4.1.1 Crear una lista

Las listas se crean utilizando corchetes `[]`.

Ejemplo básico:

```python
numeros = [1, 2, 3, 4, 5]
nombres = ["Ana", "Carlos", "Beatriz"]
mixta = [10, "Hola", 3.14, True]
```

4.1.2 Acceder a los elementos de una lista

Puedes acceder a los elementos de una lista mediante su índice (empezando en 0).

Ejemplo:

```python
nombres = ["Ana", "Carlos", "Beatriz"]
print(nombres[0])  # Imprime "Ana"
print(nombres[2])  # Imprime "Beatriz"
```

También puedes usar índices negativos para acceder a los elementos desde el final de la lista.

Ejemplo:

```python
print(nombres[-1])  # Imprime "Beatriz"
```

4.1.3 Modificar una lista

Como las listas son mutables, puedes modificar sus elementos directamente.

Ejemplo:

```python
nombres[1] = "Roberto"
print(nombres)  # Imprime ['Ana', 'Roberto', 'Beatriz']
```

4.1.4 Métodos comunes de las listas

Algunas operaciones útiles con listas incluyen:

- **Añadir elementos**:
    - `append()` : Añade un elemento al final de la lista.
    - `insert()` : Inserta un elemento en una posición específica.

```
nombres.append("Lucía")
nombres.insert(1, "David")
print(nombres)   # ['Ana', 'David', 'Roberto', 'Beatriz', 'Lucía']
```

- **Eliminar elementos**:
    - `remove()` : Elimina el primer elemento con el valor especificado.
    - `pop()` : Elimina el elemento en la posición especificada y lo devuelve. Si no se proporciona un índice, elimina el último elemento.

```
nombres.remove("Roberto")
nombres.pop(2)
print(nombres)   # ['Ana', 'David', 'Lucía']
```

- **Ordenar una lista**:
    - `sort()` : Ordena los elementos de la lista (de forma ascendente por defecto).
    - `reverse()` : Invierte el orden de los elementos.

```
numeros = [5, 2, 9, 1]
numeros.sort()
print(numeros)   # [1, 2, 5, 9]
numeros.reverse()
print(numeros)   # [9, 5, 2, 1]
```

4.2 Tuplas

Las **tuplas** son similares a las listas, pero son **inmutables**. Esto significa que, una vez creadas, no se pueden modificar. Las tuplas son útiles cuando quieres asegurarte de que los datos no cambien.

4.2.1 Crear una tupla

Las tuplas se definen utilizando paréntesis `()`.

Ejemplo:

```
coordenadas = (10, 20)
colores = ("rojo", "verde", "azul")
```

4.2.2 Acceder a los elementos de una tupla

Puedes acceder a los elementos de una tupla de la misma manera que en las listas, utilizando índices.

Ejemplo:

```
print(colores[1])   # Imprime "verde"
```

4.2.3 ¿Por qué usar tuplas?

Las tuplas son más ligeras que las listas y, al ser inmutables, pueden ser más seguras en ciertos contextos, como cuando necesitas pasar colecciones de datos que no deben cambiar a lo largo de la ejecución del programa.

4.3 Conjuntos (Sets)

Los **conjuntos** son colecciones desordenadas de elementos **únicos**. No permiten elementos duplicados y son útiles para operaciones como la eliminación de duplicados o la comprobación de pertenencia en grandes volúmenes de datos.

4.3.1 Crear un conjunto

Los conjuntos se definen utilizando llaves `{}` o la función `set()`.

Ejemplo:

```
frutas = {"manzana", "naranja", "plátano"}
numeros = set([1, 2, 3, 4, 4, 5])  # Elimina el duplicado
```

El conjunto `numeros` será `{1, 2, 3, 4, 5}` ya que los duplicados se eliminan automáticamente.

4.3.2 Operaciones con conjuntos

- **Añadir y eliminar elementos**:
    - `add()`: Añade un elemento al conjunto.

- remove() : Elimina un elemento (arroja error si no existe).
- discard() : Elimina un elemento (sin arrojar error si no existe).

Ejemplo:

```python
frutas.add("pera")
frutas.remove("naranja")
print(frutas)   # {'manzana', 'plátano', 'pera'}
```

- **Operaciones de conjuntos:**
    - **Unión** (|): Combina dos conjuntos.
    - **Intersección** (&): Devuelve los elementos comunes entre dos conjuntos.
    - **Diferencia** (-): Devuelve los elementos del primer conjunto que no están en el segundo.

Ejemplo:

```python
a = {1, 2, 3, 4}
b = {3, 4, 5, 6}

print(a | b)   # {1, 2, 3, 4, 5, 6} (Unión)
print(a & b)   # {3, 4} (Intersección)
print(a - b)   # {1, 2} (Diferencia)
```

4.4 Diccionarios

Los **diccionarios** son colecciones que almacenan pares **clave-valor**. Cada clave debe ser única y está asociada a un valor. Los diccionarios son mutables, por lo que puedes modificar tanto las claves como los valores.

4.4.1 Crear un diccionario

Los diccionarios se definen utilizando llaves `{}` con pares clave-valor separados por dos puntos.

Ejemplo:

```python
alumnos = {
    "001": "Ana",
    "002": "Carlos",
    "003": "Beatriz"
}
```

4.4.2 Acceder a los valores de un diccionario

Puedes acceder a un valor utilizando su clave.

Ejemplo:

```python
print(alumnos["001"])  # Imprime "Ana"
```

También puedes usar el método `get()` para evitar errores si la clave no existe:

```python
print(alumnos.get("004", "No encontrado"))  # Imprime "No encontrado"
```

4.4.3 Modificar un diccionario

Puedes modificar los valores de un diccionario, añadir nuevas claves o eliminar entradas.

- **Añadir o modificar**:

```python
alumnos["004"] = "Lucía"
alumnos["002"] = "Roberto"
print(alumnos)
```

- **Eliminar claves**:
    - del : Elimina una clave del diccionario.
    - pop() : Elimina una clave y devuelve su valor.

```python
del alumnos["003"]
print(alumnos)   # {'001': 'Ana', '002': 'Roberto', '004': 'Lucía'}

valor_eliminado = alumnos.pop("002")
print(valor_eliminado)   # Imprime "Roberto"
```

4.4.4 Iterar sobre un diccionario

Puedes iterar sobre las claves, valores o ambos:

```python
for clave, valor in alumnos.items():
    print(f"ID: {clave}, Nombre: {valor}")
```

4.5 Ejercicio práctico

Ejercicio 1: Gestión de inventario

Escribe un programa que permita gestionar el inventario de una tienda. Debe permitir añadir productos (con nombre y cantidad), eliminar productos y mostrar el inventario actual.

```python
inventario = {}

def agregar_producto(producto, cantidad):
    if producto in inventario:
        inventario[producto] += cantidad
    else:
        inventario[producto] = cantidad

def eliminar_producto(producto):
    if producto in inventario:
        del inventario[producto]
    else:
        print(f"{producto} no está en el inventario.")

def mostrar_inventario():
    if inventario:
        for producto, cantidad in inventario.items():
            print(f"{producto}: {cantidad}")
        else:
            print

("El inventario está vacío.")

# Uso del programa
```

```
agregar_producto("manzanas", 50)
agregar_producto("naranjas", 30)
mostrar_inventario()
eliminar_producto("naranjas")
mostrar_inventario()
```

Este programa permite gestionar un inventario usando un diccionario, demostrando cómo manejar claves y valores dinámicamente.

Este es el contenido del **Capítulo 4** sobre estructuras de datos en Python. En el próximo capítulo podríamos abordar la **Programación Orientada a Objetos** (POO).

Capítulo 5: Programación Orientada a Objetos (POO)

La **Programación Orientada a Objetos (POO)** es un paradigma de programación que organiza el código en torno a **objetos** y **clases**. Los objetos son instancias de las clases, y las clases definen las propiedades (atributos) y comportamientos (métodos) que los objetos pueden tener.

5.1 ¿Qué es una clase?

Una **clase** es una plantilla o un "molde" para crear objetos. Define los atributos y métodos que los objetos de esa clase tendrán.

Sintaxis básica para definir una clase:

```python
class NombreDeLaClase:
    # Constructor (método especial __init__)
    def __init__(self, atributo1, atributo2):
        self.atributo1 = atributo1
        self.atributo2 = atributo2

    # Método de la clase
    def metodo(self):
        print(f"Atributo 1: {self.atributo1}")
```

5.2 ¿Qué es un objeto?

Un **objeto** es una instancia de una clase. Una vez que se define una clase, puedes crear objetos a partir de esa clase. Cada objeto tiene sus propios valores de los atributos definidos en la clase.

Ejemplo básico de clase y objeto:

```python
class Perro:
    def __init__(self, nombre, raza):
        self.nombre = nombre    # Atributo nombre
        self.raza = raza        # Atributo raza

    def ladrar(self):
        print(f"{self.nombre} está ladrando.")

# Crear un objeto (instancia de la clase Perro)
mi_perro = Perro("Rex", "Labrador")
mi_perro.ladrar()   # Imprime "Rex está ladrando."
```

En este ejemplo:

- La clase `Perro` tiene dos atributos (`nombre` y `raza`) y un método (`ladrar`).
- Creamos un objeto llamado `mi_perro` y accedemos a sus métodos.

5.3 El constructor: __init__()

El **constructor** de una clase es el método `__init__()`. Se ejecuta automáticamente cuando creas un objeto y se utiliza para inicializar los atributos del objeto.

Ejemplo con constructor:

```python
class Coche:
    def __init__(self, marca, modelo):
        self.marca = marca
        self.modelo = modelo

    def mostrar_info(self):
        print(f"Marca: {self.marca}, Modelo: {self.modelo}")

# Crear objetos de la clase Coche
coche1 = Coche("Toyota", "Corolla")
coche2 = Coche("Ford", "Focus")

coche1.mostrar_info()  # Imprime "Marca: Toyota, Modelo: Corolla"
coche2.mostrar_info()  # Imprime "Marca: Ford, Modelo: Focus"
```

5.4 Atributos y métodos

Los **atributos** son variables que pertenecen a una clase o a un objeto, y los **métodos** son funciones que definen los comportamientos de los objetos.

Atributos de instancia y de clase

- **Atributos de instancia**: Son específicos de cada objeto. Se definen con `self`.
- **Atributos de clase**: Son compartidos por todas las instancias de la clase.

Ejemplo con atributos de clase:

```python
class Persona:
    especie = "Humano"  # Atributo de clase (compartido por todas las personas)

    def __init__(self, nombre):
        self.nombre = nombre  # Atributo de instancia (único para cada objeto)

# Crear objetos
persona1 = Persona("Ana")
persona2 = Persona("Carlos")

# Acceder a atributos
print(persona1.nombre)   # Imprime "Ana"
print(persona2.nombre)   # Imprime "Carlos"
print(persona1.especie)  # Imprime "Humano"
```

Métodos

Los métodos permiten que los objetos realicen acciones. Son simplemente funciones dentro de una clase.

Ejemplo de métodos:

```
class Circulo:
    def __init__(self, radio):
        self.radio = radio

    def area(self):
        return 3.1416 * self.radio ** 2

    def perimetro(self):
        return 2 * 3.1416 * self.radio

# Crear un objeto
mi_circulo = Circulo(5)
print(mi_circulo.area())      # Imprime el área: 78.54
print(mi_circulo.perimetro()) # Imprime el perímetro: 31.416
```

5.5 Encapsulamiento

El **encapsulamiento** es el principio de restringir el acceso directo a algunos de los atributos y métodos de un objeto. En Python, puedes hacerlo usando guiones bajos (_) o dobles guiones bajos (__) para indicar que un atributo o método es privado.

Atributos y métodos privados

Los atributos o métodos que comienzan con guión bajo (_) se consideran "privados", lo que significa que, por convención, no deberían ser modificados directamente desde fuera de la clase.

Ejemplo:

```python
class CuentaBancaria:
    def __init__(self, saldo):
        self._saldo = saldo  # Atributo privado

    def mostrar_saldo(self):
        return self._saldo

    def depositar(self, cantidad):
        self._saldo += cantidad

# Crear un objeto
mi_cuenta = CuentaBancaria(1000)
mi_cuenta.depositar(500)
print(mi_cuenta.mostrar_saldo())  # Imprime 1500
```

En este caso, `_saldo` es un atributo privado y no deberías acceder a él directamente.

5.6 Herencia

La **herencia** permite crear una nueva clase a partir de una clase existente. La nueva clase (clase derivada) hereda los atributos y métodos de la clase base, pero también puede agregar nuevos atributos y métodos o sobrescribir los existentes.

Ejemplo de herencia:

```python
# Clase base
class Animal:
    def __init__(self, nombre):
        self.nombre = nombre

    def sonido(self):
        pass  # Método que será sobrescrito

# Clase derivada
class Perro(Animal):
    def sonido(self):
        return "Ladrido"

class Gato(Animal):
    def sonido(self):
        return "Maullido"

# Crear objetos
perro = Perro("Fido")
gato = Gato("Misu")

print(f"{perro.nombre} hace {perro.sonido()}")  # Imprime "Fido hace Ladrido"
print(f"{gato.nombre} hace {gato.sonido()}")  # Imprime "Misu hace Maullido"
```

En este ejemplo, la clase `Perro` y `Gato` heredan de la clase `Animal` y sobrescriben el método `sonido`.

5.7 Polimorfismo

El **polimorfismo** permite que diferentes clases tengan métodos con el mismo nombre, pero que se comporten de manera diferente dependiendo de la clase que los invoque.

Ejemplo de polimorfismo:

```python
class Pato:
    def hacer_sonido(self):
        return "Cuac"

class Vaca:
    def hacer_sonido(self):
        return "Muu"

# Función que utiliza polimorfismo
def emitir_sonido(animal):
    print(animal.hacer_sonido())

# Usar polimorfismo
pato = Pato()
vaca = Vaca()

emitir_sonido(pato)   # Imprime "Cuac"
emitir_sonido(vaca)   # Imprime "Muu"
```

En este ejemplo, tanto `Pato` como `Vaca` tienen el método `hacer_sonido()`, pero su implementación es diferente. La función `emitir_sonido` puede manejar ambos tipos de objetos sin preocuparse por sus clases específicas.

5.8 Ejercicio práctico

Ejercicio 1: Sistema de gestión de vehículos

Escribe un programa que modele un sistema de gestión de vehículos. Debes crear una clase base `Vehiculo` que contenga atributos como marca, modelo y año, y luego crear clases derivadas como `Coche` y `Motocicleta` que agreguen características adicionales (por ejemplo, número de puertas para coches).

```python
class Vehiculo:
    def __init__(self, marca, modelo, año):
        self.marca = marca
        self.modelo = modelo
        self.año = año

    def mostrar_info(self):
        print(f"Marca: {self.marca}, Modelo: {self.modelo}, Año: {self.año}")

class Coche(Vehiculo):
    def __init__(self, marca, modelo, año, num_puertas):
        super().__init__(marca, modelo, año)
        self.num_puertas = num_puertas

    def mostrar_info(self):
        super().mostrar_info()
        print(f"Número de puertas: {self.num_puertas}")

class
```

```python
Motocicleta(Vehiculo):
    def __init__(self, marca, modelo, año, tipo):
        super().__init__(marca, modelo, año)
        self.tipo = tipo

    def mostrar_info(self):
        super().mostrar_info()
        print(f"Tipo de motocicleta: {self.tipo}")

# Crear instancias
coche = Coche("Toyota", "Corolla", 2020, 4)
moto = Motocicleta("Honda", "CBR", 2021, "Deportiva")

# Mostrar información
coche.mostrar_info()
moto.mostrar_info()
```

Este ejercicio pone en práctica la creación de clases, herencia y sobrescritura de métodos.

Este es el contenido del **Capítulo 5** sobre Programación Orientada a Objetos en Python. En el próximo capítulo podríamos abordar **módulos y paquetes**, lo que permite organizar mejor los programas a medida que crecen en complejidad.

¡Continuemos con el **Capítulo 6** sobre **Módulos y Paquetes**! Este capítulo te ayudará a entender cómo organizar mejor tu código cuando crece en tamaño y complejidad, y cómo reutilizar código de manera eficiente.

Capítulo 6: Módulos y Paquetes

A medida que los programas crecen en tamaño, es esencial dividir el código en partes más pequeñas y manejables. En Python, puedes hacerlo utilizando **módulos** y **paquetes**.

6.1 ¿Qué es un módulo?

Un **módulo** en Python es simplemente un archivo que contiene definiciones y declaraciones de variables, funciones o clases. Los módulos permiten reutilizar código en diferentes partes de un programa o incluso en proyectos distintos.

6.1.1 Importar un módulo

Para usar un módulo en Python, se utiliza la palabra clave `import`. Puedes importar todo el módulo o solo partes específicas de él.

Ejemplo:

Supongamos que tienes un archivo llamado `matematica.py` con el siguiente contenido:

```python
# matematica.py

def sumar(a, b):
    return a + b

def restar(a, b):
    return a - b
```

Puedes importar este módulo y usar sus funciones en otro archivo de la siguiente manera:

```python
# main.py

import matematica

resultado = matematica.sumar(10, 5)
print(resultado)  # Imprime 15
```

6.1.2 Importar partes específicas de un módulo

En lugar de importar todo el módulo, también puedes importar solo las funciones o variables que necesitas.

```python
# main.py

from matematica import sumar

resultado = sumar(10, 5)
print(resultado)  # Imprime 15
```

En este caso, solo importamos la función `sumar`, por lo que no es necesario referirse al nombre del módulo.

6.1.3 Alias de módulos

Puedes asignar un alias a un módulo para simplificar su uso.

```python
import matematica as mat

resultado = mat.sumar(10, 5)
print(resultado)  # Imprime 15
```

6.2 Módulos incorporados en Python

Python viene con muchos módulos ya incluidos que puedes utilizar sin necesidad de instalarlos. Estos se llaman **módulos estándar**.

Algunos de los módulos más comunes son:

- `math` : Proporciona funciones matemáticas.
- `random` : Genera números aleatorios.
- `datetime` : Trabaja con fechas y horas.
- `os` : Interactúa con el sistema operativo.
- `sys` : Proporciona acceso a funciones relacionadas con el intérprete de Python.

Ejemplo con el módulo `math`:

```python
import math

resultado = math.sqrt(16)
print(resultado)  # Imprime 4.0
```

6.3 Creación de módulos personalizados

Puedes crear tus propios módulos guardando funciones, clases o variables en un archivo `.py`, como en el ejemplo anterior con `matematica.py`.

Ejemplo de módulo personalizado:

```python
# utilidades.py

def saludar(nombre):
    return f"¡Hola, {nombre}!"

def despedir(nombre):
    return f"Adiós, {nombre}."
```

Luego, puedes usar este módulo en otro archivo:

```python
# main.py

import utilidades

print(utilidades.saludar("Carlos"))   # Imprime "¡Hola, Carlos!"
print(utilidades.despedir("Carlos"))  # Imprime "Adiós, Carlos."
```

6.4 ¿Qué es un paquete?

Un **paquete** es una colección de módulos organizados en una estructura de carpetas. Los paquetes permiten organizar aún mejor los módulos y hacen que sea más fácil estructurar proyectos grandes.

6.4.1 Creación de un paquete

Un paquete es esencialmente una carpeta que contiene uno o más módulos, y que incluye un archivo especial llamado `__init__.py`. Este archivo puede estar vacío o contener código que debe ejecutarse al importar el paquete.

Ejemplo de estructura de un paquete:

```
mi_paquete/
    __init__.py
    operaciones.py
    geometria.py
```

- `__init__.py` : Indica que `mi_paquete` es un paquete.
- `operaciones.py` : Un módulo que contiene funciones relacionadas con operaciones.
- `geometria.py` : Un módulo que contiene funciones relacionadas con geometría.

6.4.2 Importar un paquete

Supongamos que el módulo `operaciones.py` dentro del paquete `mi_paquete` tiene la siguiente función:

```python
# mi_paquete/operaciones.py

def sumar(a, b):
    return a + b
```

Puedes importar la función de la siguiente manera:

```python
# main.py

from mi_paquete.operaciones import sumar

resultado = sumar(5, 3)
print(resultado)  # Imprime 8
```

6.5 Paquetes externos: Instalación con `pip`

Además de los módulos y paquetes que vienen con Python, puedes instalar paquetes creados por la comunidad utilizando el gestor de paquetes `pip`. Esto te permite añadir funcionalidades a tu proyecto sin tener que escribir todo desde cero.

Instalación de paquetes con `pip`

Por ejemplo, puedes instalar el paquete `requests`, que se utiliza para hacer solicitudes HTTP, ejecutando el siguiente comando en la terminal:

```
pip install requests
```

Una vez instalado, puedes usar el paquete en tu código:

```python
import requests

respuesta = requests.get("https://api.github.com")
print(respuesta.status_code)  # Imprime 200 (OK si la solicitud fue exitosa)
```

Listar paquetes instalados

Para ver una lista de los paquetes que tienes instalados, puedes usar:

```
pip list
```

Desinstalar paquetes

Si ya no necesitas un paquete, puedes desinstalarlo con:

```
pip uninstall nombre_paquete
```

6.6 Buenas prácticas al trabajar con módulos y paquetes

- **Mantén tus archivos organizados**: Usa paquetes para agrupar módulos relacionados y mantener el código limpio.
- **Evita los nombres genéricos**: Los nombres de tus módulos y paquetes deben ser únicos y descriptivos.
- **Evita el uso excesivo de** `from <modulo> import *`: Esto puede hacer que el código sea difícil de seguir, ya que no está claro de dónde vienen las funciones o variables.

Ejemplo de mala práctica:

```
from matematica import *
```

Este enfoque puede causar conflictos si varios módulos definen funciones o variables con el mismo nombre.

En lugar de eso, especifica lo que estás importando:

```python
from matematica import sumar, restar
```

6.7 Ejercicio práctico

Ejercicio 1: Creación de un paquete de utilidades matemáticas

1. Crea un paquete llamado `utilidades_matematicas`.
2. Dentro del paquete, crea dos módulos:
    - `aritmetica.py`, que contenga las funciones `sumar`, `restar`, `multiplicar` y `dividir`.
    - `geometria.py`, que contenga la función `area_circulo(radio)` y `perimetro_circulo(radio)`.

Estructura del paquete:

```
utilidades_matematicas/
    __init__.py
    aritmetica.py
    geometria.py
```

Contenido de `aritmetica.py`:

```python
def sumar(a, b):
    return a + b

def restar(a, b):
    return a - b
```

```python
def multiplicar(a, b):
    return a * b

def dividir(a, b):
    if b != 0:
        return a / b
    else:
        return "Error: No se puede dividir por cero."
```

Contenido de `geometria.py`:

```python
import math

def area_circulo(radio):
    return math.pi * radio ** 2

def perimetro_circulo(radio):
    return 2 * math.pi * radio
```

Uso del paquete en `main.py`:

```python
from utilidades_matematicas.aritmetica import sumar, dividir
from utilidades_matematicas.geometria import area_circulo

resultado_suma = sumar(5, 3)
resultado_division = dividir(10, 2)
area = area_circulo(7)

print(f"Suma: {resultado_suma}")
print(f"División: {resultado_division}")
print(f"Área del círculo: {area}")
```

Este ejercicio te permite poner en práctica la creación de módulos, paquetes y la reutilización de código.

Este es el contenido del **Capítulo 6** sobre módulos y paquetes en Python. En el próximo capítulo, podríamos adentrarnos en temas más avanzados como la **concurrencia y el paralelismo** o el **trabajo con archivos**.

Capítulo 7: Trabajo con Archivos

Trabajar con archivos es una parte esencial de muchos programas. Python proporciona herramientas poderosas para leer, escribir y manipular archivos. En este capítulo, aprenderás cómo manejar diferentes tipos de archivos (texto, CSV, JSON, etc.), cómo trabajar con rutas de archivos, y las mejores prácticas para asegurarte de que los archivos se cierran adecuadamente.

7.1 Abrir y cerrar archivos

Antes de trabajar con un archivo, necesitas **abrirlo**. Una vez que hayas terminado de trabajar con él, debes **cerrarlo** para liberar los recursos del sistema.

7.1.1 Abrir un archivo con `open()`

La función `open()` se usa para abrir archivos en Python. Esta función toma dos parámetros principales:

1. **El nombre o la ruta del archivo.**
2. **El modo en que se abrirá el archivo** (lectura, escritura, etc.).

Modos comunes de apertura de archivos:

- `r` : Modo lectura (por defecto).
- `w` : Modo escritura (sobreescribe el archivo si existe).
- `a` : Modo de anexar (añade datos al final del archivo sin sobrescribirlo).
- `b` : Modo binario (se usa para archivos no de texto, como imágenes).
- `x` : Crea un archivo nuevo, si ya existe, arroja un error.

Ejemplo: Abrir un archivo en modo lectura (r):

```python
archivo = open("mi_archivo.txt", "r")
contenido = archivo.read()
print(contenido)
archivo.close()
```

7.1.2 Cerrar archivos con `close()`

Es importante cerrar los archivos después de usarlos. Esto libera los recursos y asegura que cualquier cambio en el archivo se guarde correctamente.

Ejemplo:

```python
archivo = open("mi_archivo.txt", "r")
contenido = archivo.read()
archivo.close()  # Cerrar el archivo después de leerlo
```

7.1.3 Uso del gestor de contexto `with`

Una manera más segura y conveniente de trabajar con archivos es usar el gestor de contexto `with`. Esto asegura que el archivo se cierre automáticamente, incluso si ocurre una excepción.

Ejemplo usando `with`:

```python
with open("mi_archivo.txt", "r") as archivo:
    contenido = archivo.read()
    print(contenido)
# No es necesario llamar a close(), el archivo se
cierra automáticamente.
```

7.2 Leer archivos

Existen varias formas de leer el contenido de un archivo en Python, dependiendo de lo que necesites hacer.

7.2.1 Leer todo el contenido con `read()`

El método `read()` lee todo el contenido del archivo como una cadena de texto.

Ejemplo:

```python
with open("mi_archivo.txt", "r") as archivo:
    contenido = archivo.read()
    print(contenido)
```

7.2.2 Leer línea por línea con `readline()`

El método `readline()` lee una línea del archivo cada vez.

Ejemplo:

```python
with open("mi_archivo.txt", "r") as archivo:
    linea = archivo.readline()
    while linea:
        print(linea, end="")  # 'end=""' evita el salto de línea adicional
        linea = archivo.readline()
```

7.2.3 Leer todas las líneas con `readlines()`

El método `readlines()` lee todas las líneas del archivo y las devuelve como una lista.

Ejemplo:

```python
with open("mi_archivo.txt", "r") as archivo:
    lineas = archivo.readlines()
    print(lineas)  # Devuelve una lista de líneas
```

7.3 Escribir en archivos

Puedes escribir en un archivo de varias maneras dependiendo de si quieres sobrescribir el archivo o anexar nuevos datos.

7.3.1 Escribir con `write()`

El método `write()` sobrescribe el contenido del archivo si ya existe o crea un nuevo archivo si no existe.

Ejemplo:

```python
with open("mi_archivo.txt", "w") as archivo:
    archivo.write("Este es un nuevo contenido.\n")
```

7.3.2 Anexar con `append()` (modo `'a'`)

El modo `'a'` añade contenido al final del archivo sin sobrescribir lo que ya está escrito.

Ejemplo:

```python
with open("mi_archivo.txt", "a") as archivo:
    archivo.write("Este contenido se añade al final.\n")
```

7.4 Manejo de archivos CSV

Los archivos CSV (valores separados por comas) son muy utilizados para almacenar datos tabulares. Python tiene un módulo `csv` que facilita el trabajo con este tipo de archivos.

7.4.1 Leer archivos CSV

Puedes leer archivos CSV utilizando el método `csv.reader()`.

Ejemplo:

```python
import csv

with open("datos.csv", "r") as archivo_csv:
    lector_csv = csv.reader(archivo_csv)
    for fila in lector_csv:
        print(fila)
```

7.4.2 Escribir en archivos CSV

Para escribir en un archivo CSV, puedes usar el método `csv.writer()`.

Ejemplo:

```python
import csv

with open("salida.csv", "w", newline='') as archivo_csv:
    escritor_csv = csv.writer(archivo_csv)
    escritor_csv.writerow(["Nombre", "Edad", "Ciudad"])
    escritor_csv.writerow(["Carlos", 28, "Madrid"])
```

7.5 Manejo de archivos JSON

El formato JSON (JavaScript Object Notation) es muy popular para almacenar y transmitir datos entre aplicaciones. Python tiene un módulo incorporado llamado `json` para trabajar con este formato.

7.5.1 Leer archivos JSON

Para leer datos de un archivo JSON, usa el método `json.load()`.

Ejemplo:

```python
import json

with open("datos.json", "r") as archivo_json:
    datos = json.load(archivo_json)
    print(datos)
```

7.5.2 Escribir en archivos JSON

Para escribir datos en formato JSON en un archivo, usa el método `json.dump()`.

Ejemplo:

```python
import json

datos = {
    "nombre": "Ana",
    "edad": 25,
    "ciudad": "Barcelona"
}

with open("salida.json", "w") as archivo_json:
    json.dump(datos, archivo_json)
```

7.6 Trabajar con rutas de archivos

Python también ofrece herramientas para manejar rutas de archivos de forma eficiente usando el módulo `os` y `pathlib`.

7.6.1 Uso del módulo `os`

El módulo `os` proporciona funciones para interactuar con el sistema operativo.

- **Comprobar si un archivo existe:**

```python
import os

if os.path.exists("mi_archivo.txt"):
    print("El archivo existe.")
else:
    print("El archivo no existe.")
```

- **Eliminar un archivo**:

```python
os.remove("mi_archivo.txt")
```

7.6.2 Uso del módulo `pathlib`

El módulo `pathlib` ofrece una forma moderna y más fácil de trabajar con rutas de archivos y directorios.

- **Comprobar si un archivo existe**:

```python
from pathlib import Path

ruta = Path("mi_archivo.txt")
if ruta.exists():
    print("El archivo existe.")
else:
    print("El archivo no existe.")
```

- **Obtener la ruta absoluta de un archivo**:

```python
print(ruta.resolve())
```

7.7 Ejercicio práctico

Ejercicio 1: Gestión de inventario con CSV

Escribe un programa que lea y escriba datos de un archivo CSV para gestionar el inventario de una tienda. El programa debe permitir agregar nuevos productos, mostrar el inventario y guardar los cambios en el archivo CSV.

Ejemplo de estructura del archivo `inventario.csv`:

```
Nombre,Cantidad,Precio
Manzanas,50,0.5
Naranjas,30,0.6
Plátanos,20,0.25
```

Código del programa:

```python
import csv

def mostrar_inventario():
    with open("inventario.csv", "r") as archivo_csv:
        lector_csv = csv.reader(archivo_csv)
        for fila in lector_csv:
            print(fila)

def agregar_producto(nombre, cantidad, precio):
    with open("inventario.csv", "a", newline='') as archivo_csv:
        escritor_csv = csv.writer(archivo_csv)
        escritor_csv.writerow([nombre, cantidad, precio])

# Mostrar el inventario actual
```

```
mostrar_inventario()

# Agregar un nuevo producto
agregar_producto("Peras", 40, 0.55)

# Mostrar el inventario actualizado
mostrar_inventario()
```

Este ejercicio te ayudará a entender cómo leer y escribir en archivos CSV, así como cómo interactuar con archivos de manera eficiente.

Este es el contenido del **Capítulo 7** sobre el trabajo con archivos en Python. En el próximo capítulo, podríamos explorar la **concurrencia y el paralelismo** para trabajar con procesos simultáneos.

Capítulo 8: Concurrencia y Paralelismo

En aplicaciones complejas, a menudo necesitamos realizar múltiples tareas al mismo tiempo para optimizar el rendimiento, especialmente en operaciones que requieren procesamiento intensivo o manejo de múltiples entradas/salidas, como leer archivos o hacer solicitudes a servidores. En este capítulo, aprenderás cómo utilizar hilos, procesos y programación asíncrona en Python para manejar la **concurrencia** y el **paralelismo**.

8.1 ¿Qué es concurrencia y qué es paralelismo?

- **Concurrencia**: Significa que varias tareas progresan al mismo tiempo, pero no necesariamente se ejecutan simultáneamente. El sistema alterna entre tareas de manera eficiente.
- **Paralelismo**: Implica que varias tareas se ejecutan exactamente al mismo tiempo, generalmente en diferentes núcleos de CPU.

En Python, podemos manejar concurrencia y paralelismo usando hilos (`threading`), procesos (`multiprocessing`) y programación asíncrona (`asyncio`).

8.2 Hilos (Threading)

Un **hilo** es una unidad de ejecución dentro de un proceso. Python permite crear múltiples hilos en un programa para ejecutar tareas concurrentes. Sin embargo, debido a la **Global Interpreter Lock (GIL)**, solo un hilo puede ejecutar código Python a la vez. Esto limita el paralelismo puro, pero los hilos son útiles para tareas que implican operaciones de entrada/salida.

8.2.1 Crear y ejecutar hilos

El módulo `threading` permite crear y manejar hilos en Python.

Ejemplo básico de un hilo:

```
import threading
import time
```

```python
def tarea():
    print("Iniciando tarea...")
    time.sleep(2)
    print("Tarea completada.")

# Crear un hilo
hilo = threading.Thread(target=tarea)

# Iniciar el hilo
hilo.start()

# Esperar a que el hilo termine
hilo.join()

print("Programa terminado.")
```

8.2.2 Hilos con argumentos

Puedes pasar argumentos a las funciones que se ejecutan en un hilo usando `args`.

Ejemplo:

```python
import threading

def imprimir_mensaje(mensaje, delay):
    time.sleep(delay)
    print(mensaje)

# Crear e iniciar hilos con diferentes argumentos
hilo1 = threading.Thread(target=imprimir_mensaje,
args=("Hola", 2))
```

```
hilo2 = threading.Thread(target=imprimir_mensaje,
args=("Adiós", 1))

hilo1.start()
hilo2.start()

hilo1.join()
hilo2.join()

print("Todos los hilos han terminado.")
```

8.3 Procesos (Multiprocessing)

El módulo `multiprocessing` permite crear varios **procesos** que se ejecutan en paralelo. A diferencia de los hilos, los procesos en Python no están afectados por el GIL, lo que significa que pueden ejecutarse simultáneamente en varios núcleos de CPU.

8.3.1 Crear y ejecutar procesos

El módulo `multiprocessing` permite crear y manejar procesos de manera similar a cómo se manejan los hilos.

Ejemplo básico de un proceso:

```
import multiprocessing
import time

def tarea():
    print("Iniciando tarea en proceso...")
    time.sleep(2)
    print("Tarea en proceso completada.")

# Crear un proceso
```

```python
proceso = multiprocessing.Process(target=tarea)

# Iniciar el proceso
proceso.start()

# Esperar a que el proceso termine
proceso.join()

print("Programa terminado.")
```

8.3.2 Procesos con argumentos

Al igual que los hilos, también puedes pasar argumentos a los procesos.

Ejemplo:

```python
import multiprocessing

def imprimir_mensaje(mensaje, delay):
    time.sleep(delay)
    print(mensaje)

# Crear e iniciar procesos con diferentes argumentos
proceso1 = multiprocessing.Process(target=imprimir_mensaje, args=("Hola", 2))
proceso2 = multiprocessing.Process(target=imprimir_mensaje, args=("Adiós", 1))

proceso1.start()
proceso2.start()

proceso1.join()
```

```
proceso2.join()

print("Todos los procesos han terminado.")
```

8.3.3 Pool de procesos

El módulo `multiprocessing` también proporciona la clase `Pool`, que permite ejecutar una función en paralelo usando múltiples procesos. Puedes especificar cuántos procesos deben ejecutarse simultáneamente.

Ejemplo usando `Pool`:

```
import multiprocessing

def cuadrado(n):
    return n * n

if __name__ == "__main__":
    with multiprocessing.Pool(4) as pool:
        numeros = [1, 2, 3, 4, 5]
        resultados = pool.map(cuadrado, numeros)
        print(resultados)  # Imprime [1, 4, 9, 16, 25]
```

8.4 Programación asíncrona (Asyncio)

La **programación asíncrona** permite realizar varias tareas de manera concurrente sin bloquear el programa. El módulo `asyncio` se utiliza para manejar estas tareas en Python. A diferencia de los hilos y procesos, `asyncio` no se basa en la creación de múltiples hilos o procesos, sino en la ejecución de tareas de forma cooperativa utilizando un solo hilo.

8.4.1 Funciones asíncronas con `async` y `await`

Para definir una función asíncrona, usa la palabra clave `async`, y para "esperar" a que una operación asíncrona termine, usa `await`.

Ejemplo básico con `async` y `await`:

```python
import asyncio

async def tarea():
    print("Iniciando tarea asíncrona...")
    await asyncio.sleep(2)
    print("Tarea asíncrona completada.")

# Crear y ejecutar el evento principal
async def main():
    await tarea()

# Ejecutar el evento loop
asyncio.run(main())
```

8.4.2 Ejecutar varias tareas asíncronas

Puedes ejecutar varias tareas asíncronas al mismo tiempo usando `asyncio.gather()`.

Ejemplo:

```python
import asyncio

async def tarea1():
    print("Tarea 1 iniciada")
    await asyncio.sleep(2)
```

```python
    print("Tarea 1 completada")

async def tarea2():
    print("Tarea 2 iniciada")
    await asyncio.sleep(1)
    print("Tarea 2 completada")

# Ejecutar las tareas en paralelo
async def main():
    await asyncio.gather(tarea1(), tarea2())

asyncio.run(main())
```

8.5 Cuándo usar hilos, procesos o programación asíncrona

- **Hilos**: Útiles cuando tienes tareas que involucran muchas operaciones de entrada/salida, como la lectura de archivos o solicitudes de red, pero que no requieren procesamiento intensivo.
- **Procesos**: Útiles cuando necesitas ejecutar tareas computacionalmente intensivas que pueden beneficiarse del uso de múltiples núcleos de CPU.
- **Programación asíncrona**: Ideal para tareas de entrada/salida que pueden ser esperadas de manera cooperativa (por ejemplo, solicitudes a servidores web), sin la necesidad de crear múltiples hilos o procesos.

8.6 Ejercicio práctico

Ejercicio 1: Descargar archivos en paralelo

Escribe un programa que descargue varios archivos simultáneamente de internet utilizando `asyncio` y la librería `aiohttp` para hacer las solicitudes. Luego, muestra el tiempo que tomó completar todas las descargas.

```python
import asyncio
import aiohttp
import time

async def descargar_archivo(url):
    async with aiohttp.ClientSession() as session:
        async with session.get(url) as respuesta:
            contenido = await respuesta.read()
            print(f"Descargado {len(contenido)} bytes de {url}")

# Ejecutar varias descargas en paralelo
async def main():
    urls = [
        "https://www.example.com",
        "https://www.python.org",
        "https://www.openai.com"
    ]

    tareas = [descargar_archivo(url) for url in urls]

    await asyncio.gather(*tareas)

# Medir el tiempo total
```

```
inicio = time.time()
asyncio.run(main())
fin = time.time()

print(f"Todas las descargas completadas en {fin - inicio} segundos")
```

Este ejercicio te permite practicar la programación asíncrona para realizar tareas concurrentes de manera eficiente.

Este es el contenido del **Capítulo 8** sobre concurrencia y paralelismo en Python. En el siguiente capítulo, podríamos explorar el **desarrollo web** con Python usando frameworks como Flask o Django.

Capítulo 9: Desarrollo Web con Python

El desarrollo web con Python es cada vez más popular gracias a la simplicidad y potencia del lenguaje. Existen varios frameworks que te permiten crear aplicaciones web robustas, desde proyectos simples hasta complejas plataformas. En este capítulo, nos centraremos en **Flask**, un framework minimalista, para aprender a crear una aplicación web básica.

9.1 ¿Qué es Flask?

Flask es un microframework para desarrollar aplicaciones web en Python. Es liviano y flexible, lo que lo convierte en una opción ideal para proyectos pequeños y medianos, aunque también es usado en proyectos más grandes con las herramientas adecuadas.

Ventajas de Flask:

- **Simplicidad**: Muy fácil de configurar y comenzar.
- **Flexibilidad**: Te permite decidir qué componentes adicionales necesitas.
- **Modularidad**: Fácil de ampliar con librerías y módulos.

9.2 Instalación de Flask

Antes de comenzar, necesitas instalar Flask en tu entorno de desarrollo. Puedes hacerlo fácilmente con el gestor de paquetes `pip`:

```
pip install flask
```

9.3 Tu primera aplicación web con Flask

Una vez que hayas instalado Flask, puedes crear una aplicación web básica con solo unas pocas líneas de código.

9.3.1 Crear un servidor básico

Ejemplo básico de Flask:

```python
from flask import Flask

app = Flask(__name__)

@app.route('/')
def inicio():
    return "¡Bienvenido a mi primera aplicación Flask!"

if __name__ == "__main__":
    app.run(debug=True)
```

Este es el código básico para crear un servidor con Flask. Desglosemos lo que hace:

- `Flask(__name__)` : Crea una nueva instancia de la aplicación Flask.
- `@app.route('/')` : Define una ruta, en este caso la ruta principal (/). Esto significa que cuando alguien visite la raíz del sitio web, verá el mensaje que regresa la función `inicio()`.
- `app.run(debug=True)` : Inicia el servidor en modo depuración, lo que permite ver errores detallados y recargar el servidor automáticamente si haces cambios.

Para ejecutar la aplicación:

1. Guarda este archivo con un nombre como `app.py`.
2. En la terminal, ejecuta el archivo:

```
python app.py
```

3. Abre un navegador y visita `http://127.0.0.1:5000/`. Verás el mensaje "¡Bienvenido a mi primera aplicación Flask!".

9.4 Rutas y métodos HTTP

Las **rutas** son URL específicas a las que tu aplicación responde. En Flask, puedes definir varias rutas y métodos HTTP para manejar solicitudes GET y POST.

9.4.1 Definir rutas adicionales

Ejemplo de múltiples rutas:

```python
@app.route('/saludo')
def saludar():
    return "¡Hola, usuario!"

@app.route('/despedida')
def despedida():
    return "Adiós, ¡vuelve pronto!"
```

En este ejemplo, hemos añadido dos rutas nuevas:

- `/saludo`: Muestra un saludo.
- `/despedida`: Muestra un mensaje de despedida.

9.4.2 Parámetros en las rutas

Puedes capturar parámetros de la URL y pasarlos a las funciones.

Ejemplo:

```python
@app.route('/usuario/<nombre>')
def mostrar_usuario(nombre):
    return f"Hola, {nombre}!"
```

En este caso, si visitas `http://127.0.0.1:5000/usuario/Carlos`, verás el mensaje "Hola, Carlos!".

9.4.3 Métodos HTTP

Los métodos HTTP definen el tipo de acción que realiza el servidor (GET, POST, PUT, DELETE). Por defecto, Flask responde a solicitudes **GET**, pero puedes permitir otros métodos.

Ejemplo con GET y POST:

```python
@app.route('/formulario', methods=['GET', 'POST'])
def formulario():
    if request.method == 'POST':
        nombre = request.form['nombre']
        return f"Gracias por enviar el formulario, {nombre}."
    return '''
        <form method="post">
            Nombre: <input type="text" name="nombre">
            <input type="submit" value="Enviar">
        </form>
    '''
```

En este ejemplo:

- Si visitas la ruta `/formulario` con un navegador, verás un formulario.
- Al enviar el formulario, el servidor recibirá una solicitud POST con el nombre enviado.

9.5 Plantillas HTML con Jinja2

Flask usa **Jinja2**, un motor de plantillas, para integrar código Python dentro de archivos HTML. Esto te permite separar la lógica de la aplicación del diseño visual.

9.5.1 Usar plantillas HTML

Primero, crea una carpeta llamada `templates` y dentro de ella un archivo `inicio.html` con el siguiente contenido:

```html
<!DOCTYPE html>
<html lang="es">
<head>
    <meta charset="UTF-8">
    <meta name="viewport" content="width=device-width, initial-scale=1.0">
    <title>Inicio</title>
</head>
<body>
    <h1>{{ mensaje }}</h1>
</body>
</html>
```

Luego, modifica tu archivo `app.py` para renderizar la plantilla:

```python
from flask import Flask, render_template

app = Flask(__name__)

@app.route('/')
def inicio():
    mensaje = "¡Bienvenido a la página principal!"
    return render_template('inicio.html', mensaje=mensaje)

if __name__ == "__main__":
    app.run(debug=True)
```

En este ejemplo:

- `render_template('inicio.html', mensaje=mensaje)`: Renderiza el archivo HTML y pasa la variable `mensaje` para que se muestre en la plantilla.

9.6 Formularios y manejo de datos

Flask facilita el manejo de formularios HTML y datos enviados a través de métodos POST. Los datos enviados desde formularios HTML pueden ser accedidos mediante `request.form`.

9.6.1 Ejemplo de formulario HTML

```python
from flask import Flask, request, render_template

app = Flask(__name__)

@app.route('/formulario', methods=['GET', 'POST'])
def formulario():
    if request.method == 'POST':
        nombre = request.form['nombre']
        return render_template('respuesta.html', nombre=nombre)
    return render_template('formulario.html')

if __name__ == "__main__":
    app.run(debug=True)
```

Archivo `formulario.html`:

```html
<form method="post">
    Nombre: <input type="text" name="nombre">
    <input type="submit" value="Enviar">
</form>
```

Archivo `respuesta.html`:

```
<h1>Gracias por enviar el formulario, {{ nombre }}.
</h1>
```

En este ejemplo:

- El formulario envía el nombre a través de POST.
- La plantilla `respuesta.html` muestra el nombre que ingresó el usuario.

9.7 Bases de datos en Flask

Puedes conectar Flask a bases de datos como **SQLite**, **MySQL**, **PostgreSQL**, entre otras. Flask tiene extensiones como **Flask-SQLAlchemy** que te facilitan trabajar con bases de datos.

9.7.1 Instalación de Flask-SQLAlchemy

```
pip install flask-sqlalchemy
```

9.7.2 Conexión a una base de datos SQLite

```
from flask import Flask
from flask_sqlalchemy import SQLAlchemy

app = Flask(__name__)
app.config['SQLALCHEMY_DATABASE_URI'] = 'sqlite:///mi_base_de_datos.db'
db = SQLAlchemy(app)

class Usuario(db.Model):
    id = db.Column(db.Integer, primary_key=True)
    nombre = db.Column(db.String(80), nullable=False)
```

```python
@app.route('/crear_usuario/<nombre>')
def crear_usuario(nombre):
    nuevo_usuario = Usuario(nombre=nombre)
    db.session.add(nuevo_usuario)
    db.session.commit()
    return f"Usuario {nombre} creado."

if __name__ == "__main__":
    db.create_all()
    app.run(debug=True)
```

En este ejemplo:

- Se define un modelo de base de datos `Usuario` que tiene un campo `nombre`.
- La función `crear_usuario` permite añadir usuarios a la base de datos.

9.8 Flask vs Django

- **Flask**: Es minimalista, lo que te da mayor control sobre cómo construir tu aplicación. Es ideal para proyectos pequeños o para aprender sobre desarrollo web.
- **Django**: Es un framework más completo y estructurado que viene con muchas características integradas, como administración de usuarios, ORM, y más. Es ideal para proyectos grandes.

9.9 Ejercicio práctico

Ejercicio: Aplicación de Tareas Pendientes

Crea una aplicación web con Flask que permita gestionar una lista de tareas. Los usuarios deberían poder añadir nuevas tareas, ver la lista de tareas pendientes y marcar las tareas como completadas.

1. Crea un formulario para añadir nuevas tareas.
2. Muestra la lista de tareas en la página principal.
3. Permite marcar las tareas como completadas.

```python
from flask import Flask, render_template, request, redirect, url_for

app = Flask(__name__)


tareas = []

@app.route('/')
def index():
    return render_template('index.html', tareas=tareas)

@app.route('/agregar', methods=['POST'])
def agregar():
    nueva_tarea = request.form['tarea']
    tareas.append(nueva_tarea)
    return redirect(url_for('index'))

if __name__ == "__main__":
```

```
    app.run(debug=True)
```

Archivo `index.html`:

```html
<h1>Lista de Tareas</h1>
<form action="/agregar" method="POST">
    <input type="text" name="tarea">
    <input type="submit" value="Agregar">
</form>

<ul>
    {% for tarea in tareas %}
    <li>{{ tarea }}</li>
    {% endfor %}
</ul>
```

Este es el contenido del **Capítulo 9** sobre desarrollo web con Flask. En el próximo capítulo, podríamos explorar **Machine Learning** en Python usando bibliotecas como `scikit-learn`.

Capítulo 10: Machine Learning en Python

El **Machine Learning** (ML) es un campo de la inteligencia artificial que permite a las computadoras aprender de los datos y realizar predicciones o decisiones sin ser programadas explícitamente para cada tarea. Python, gracias a bibliotecas como **scikit-learn**, **TensorFlow**, y **PyTorch**, es uno de los lenguajes más populares para trabajar con machine learning.

10.1 ¿Qué es Machine Learning?

Machine learning es un método para que las máquinas aprendan a resolver problemas basándose en datos. Se utiliza en una amplia variedad de aplicaciones, como sistemas de recomendación, reconocimiento de imágenes, predicción de tendencias, entre otros.

Existen tres tipos principales de machine learning:

- **Aprendizaje supervisado**: Se entrena un modelo con datos etiquetados.
- **Aprendizaje no supervisado**: El modelo encuentra patrones ocultos en datos sin etiquetas.
- **Aprendizaje por refuerzo**: Un agente aprende a tomar decisiones maximizando recompensas a lo largo del tiempo.

10.2 Instalación de scikit-learn

scikit-learn es una de las bibliotecas más populares para machine learning en Python. Puedes instalarla utilizando `pip`:

```
pip install scikit-learn
```

10.3 Flujo de trabajo en Machine Learning

El flujo típico en un proyecto de machine learning con **scikit-learn** incluye los siguientes pasos:

1. **Recolección de datos**: Obtener los datos de entrenamiento.
2. **Preprocesamiento**: Limpiar y preparar los datos.
3. **División del conjunto de datos**: Separar los datos en conjunto de entrenamiento y prueba.
4. **Entrenamiento del modelo**: Ajustar un modelo de machine learning a los datos de entrenamiento.
5. **Evaluación del modelo**: Medir el rendimiento del modelo utilizando los datos de prueba.
6. **Predicción**: Utilizar el modelo entrenado para hacer predicciones con nuevos datos.

10.4 Tipos de algoritmos de Machine Learning

En este capítulo, cubriremos algunos de los algoritmos más comunes en el aprendizaje supervisado:

- **Regresión Lineal**: Para predicción de valores continuos.
- **Regresión Logística**: Para problemas de clasificación binaria.
- **Árboles de Decisión**: Para clasificación y regresión.

- **K-Vecinos más Cercanos (KNN)**: Clasificación basada en proximidad.

10.5 Regresión Lineal

La **regresión lineal** se utiliza para predecir un valor continuo basándose en las características de entrada. Por ejemplo, predecir el precio de una casa según su tamaño.

10.5.1 Ejemplo de Regresión Lineal

En este ejemplo, usaremos un conjunto de datos simple para predecir el precio de una casa basándonos en el número de habitaciones.

```python
import numpy as np
from sklearn.model_selection import train_test_split
from sklearn.linear_model import LinearRegression
from sklearn.metrics import mean_squared_error

# Datos (número de habitaciones, precio)
X = np.array([[1], [2], [3], [4], [5]])
y = np.array([150, 200, 250, 300, 350])

# Dividir el conjunto de datos en entrenamiento y prueba
X_train, X_test, y_train, y_test = train_test_split(X, y, test_size=0.2)

# Crear y entrenar el modelo
modelo = LinearRegression()
modelo.fit(X_train, y_train)

# Hacer predicciones
```

```python
y_pred = modelo.predict(X_test)

# Evaluar el modelo
mse = mean_squared_error(y_test, y_pred)
print(f"Error cuadrático medio: {mse}")

# Predicción para una casa con 6 habitaciones
prediccion = modelo.predict([[6]])
print(f"Precio estimado para una casa con 6 habitaciones: {prediccion[0]}")
```

En este ejemplo:

- Se entrena un modelo de regresión lineal con los datos de número de habitaciones y precio.
- Se evalúa el rendimiento del modelo con el **Error Cuadrático Medio** (MSE).

10.6 Regresión Logística

La **regresión logística** se utiliza para problemas de clasificación binaria, como predecir si un correo es spam o no.

10.6.1 Ejemplo de Regresión Logística

Vamos a usar un conjunto de datos para predecir si un estudiante fue admitido en una universidad basándose en sus puntuaciones.

```python
import numpy as np
from sklearn.model_selection import train_test_split
from sklearn.linear_model import LogisticRegression
from sklearn.metrics import accuracy_score
```

```python
# Datos (puntuaciones de los exámenes, 0 = No
admitido, 1 = Admitido)
X = np.array([[80, 85], [60, 70], [90, 95], [50, 60], [75, 80]])
y = np.array([1, 0, 1, 0, 1])

# Dividir el conjunto de datos
X_train, X_test, y_train, y_test = train_test_split(X, y, test_size=0.2)

# Crear y entrenar el modelo
modelo = LogisticRegression()
modelo.fit(X_train, y_train)

# Hacer predicciones
y_pred = modelo.predict(X_test)

# Evaluar el modelo
accuracy = accuracy_score(y_test, y_pred)
print(f"Precisión del modelo: {accuracy}")

# Predicción para un nuevo estudiante
nueva_prediccion = modelo.predict([[85, 90]])
print(f"Admitido (1) o no admitido (0): {nueva_prediccion[0]}")
```

En este ejemplo:

- Se utiliza la regresión logística para predecir si un estudiante será admitido según sus puntuaciones.
- La **precisión** se usa como métrica de rendimiento.

10.7 Árboles de Decisión

Los **árboles de decisión** son modelos de machine learning que dividen los datos en ramas basadas en las características, lo que facilita la toma de decisiones.

10.7.1 Ejemplo de Árbol de Decisión

Vamos a usar un conjunto de datos para predecir si un cliente comprará un producto basándose en la edad y el salario.

```python
from sklearn.model_selection import train_test_split
from sklearn.tree import DecisionTreeClassifier
from sklearn.metrics import accuracy_score

# Datos (edad, salario, compra 0 = No, 1 = Sí)
X = np.array([[22, 35000], [30, 40000], [40, 60000], [35, 58000], [50, 70000]])
y = np.array([0, 0, 1, 1, 1])

# Dividir el conjunto de datos
X_train, X_test, y_train, y_test = train_test_split(X, y, test_size=0.2)

# Crear y entrenar el modelo
modelo = DecisionTreeClassifier()
modelo.fit(X_train, y_train)

# Hacer predicciones
y_pred = modelo.predict(X_test)

# Evaluar el modelo
accuracy = accuracy_score(y_test, y_pred)
print(f"Precisión del modelo: {accuracy}")
```

```python
# Predicción para un nuevo cliente
nueva_prediccion = modelo.predict([[45, 65000]])
print(f"Comprará (1) o no comprará (0): {nueva_prediccion[0]}")
```

En este ejemplo:

- Se entrena un árbol de decisión para predecir si un cliente comprará un producto basándose en su edad y salario.

10.8 K-Vecinos más Cercanos (KNN)

El algoritmo **K-Nearest Neighbors (KNN)** clasifica los datos basándose en la proximidad a los puntos de datos más cercanos.

10.8.1 Ejemplo de KNN

Vamos a usar KNN para clasificar si una flor pertenece a la especie "Setosa" o "Versicolor" según las dimensiones de los pétalos.

```python
from sklearn.model_selection import train_test_split
from sklearn.neighbors import KNeighborsClassifier
from sklearn.metrics import accuracy_score

# Datos (longitud del pétalo, ancho del pétalo, 0 = Setosa, 1 = Versicolor)
X = np.array([[1.4, 0.2], [4.7, 1.4], [1.3, 0.2], [4.5, 1.5], [5.0, 1.9]])
y = np.array([0, 1, 0, 1, 1])

# Dividir el conjunto de datos
```

```python
X_train, X_test, y_train, y_test = train_test_split(X, y, test_size=0.2)

# Crear y entrenar el modelo
modelo = KNeighborsClassifier(n_neighbors=3)
modelo.fit(X_train, y_train)

# Hacer predicciones
y_pred = modelo.predict(X_test)

# Evaluar el modelo
accuracy = accuracy_score(y_test, y_pred)
print(f"Precisión del modelo: {accuracy}")

# Predicción para una nueva flor
nueva_prediccion = modelo.predict([[1.5, 0.2]])
print(f"

Especie (0 = Setosa, 1 = Versicolor): {nueva_prediccion[0]}")
```

10.9 Preprocesamiento de Datos

Antes de entrenar un modelo, a menudo es necesario preprocesar los datos. Esto incluye:

- **Escalado de características**: Escalar las características numéricas a un rango similar.
- **Codificación de variables categóricas**: Convertir variables categóricas en valores numéricos.

Ejemplo de escalado de características:

```python
from sklearn.preprocessing import StandardScaler

# Datos sin escalar
X = [[1, 200], [2, 300], [3, 400]]

# Escalar los datos
scaler = StandardScaler()
X_scaled = scaler.fit_transform(X)

print(X_scaled)
```

10.10 Ejercicio práctico

Ejercicio: Clasificador de especies de flores (conjunto de datos Iris)

Usa el conjunto de datos Iris, un clásico en machine learning, para entrenar un clasificador que prediga la especie de una flor basada en las medidas de los pétalos y sépalos.

```python
from sklearn import datasets
from sklearn.model_selection import train_test_split
from sklearn.neighbors import KNeighborsClassifier
from sklearn.metrics import accuracy_score

# Cargar el conjunto de datos Iris
iris = datasets.load_iris()
X = iris.data
y = iris.target

# Dividir los datos en entrenamiento y prueba
X_train, X_test, y_train, y_test = train_test_split(X, y, test_size=0.2)
```

```python
# Crear y entrenar el modelo KNN
modelo = KNeighborsClassifier(n_neighbors=3)
modelo.fit(X_train, y_train)

# Hacer predicciones
y_pred = modelo.predict(X_test)

# Evaluar el modelo
accuracy = accuracy_score(y_test, y_pred)
print(f"Precisión del modelo: {accuracy}")
```

Este ejercicio te permite poner en práctica el algoritmo KNN y trabajar con un conjunto de datos real.

Este es el contenido del **Capítulo 10** sobre Machine Learning en Python usando scikit-learn. En el próximo capítulo, podríamos explorar **redes neuronales** y el uso de frameworks avanzados como TensorFlow o PyTorch.

Capítulo 11: Redes Neuronales y Deep Learning

El **Deep Learning** es una rama del Machine Learning que utiliza **redes neuronales** con múltiples capas para aprender representaciones complejas de datos. Estos modelos han demostrado ser extremadamente efectivos en áreas como reconocimiento de imágenes, procesamiento de lenguaje natural y juegos.

En este capítulo, aprenderás los conceptos básicos de redes neuronales y cómo implementarlas usando **TensorFlow** y **PyTorch**, dos de los frameworks más populares para deep learning.

11.1 ¿Qué es una red neuronal?

Una **red neuronal artificial** es un modelo inspirado en el cerebro humano. Está compuesta por **neuronas artificiales** organizadas en capas, donde cada capa transforma los datos de entrada en una representación más abstracta.

Componentes de una red neuronal:

- **Neuronas**: Unidades de procesamiento que toman varias entradas, las ponderan, las suman y aplican una función de activación.
- **Capas**: Las redes neuronales suelen tener una capa de entrada, una o más capas ocultas y una capa de salida.
- **Pesos**: Cada conexión entre neuronas tiene un peso que se ajusta durante el entrenamiento.
- **Función de activación**: Decide si una neurona debe "activarse" o no (por ejemplo, funciones como ReLU o Sigmoid).
- **Propagación hacia adelante**: El proceso de pasar las entradas a través de la red para obtener una salida.
- **Backpropagation**: El proceso de ajustar los pesos en función del error observado en la salida.

11.2 Introducción a TensorFlow

TensorFlow es un framework de código abierto para construir y entrenar modelos de machine learning y deep learning. Permite definir redes neuronales con facilidad y aprovechar la aceleración de hardware como GPUs.

11.2.1 Instalación de TensorFlow

Para instalar TensorFlow, puedes usar `pip`:

```
pip install tensorflow
```

11.3 Construir una red neuronal con TensorFlow y Keras

En TensorFlow, se utiliza **Keras**, una API de alto nivel, para construir modelos de manera sencilla. Veamos un ejemplo de cómo construir una red neuronal para clasificar imágenes del conjunto de datos **MNIST**.

11.3.1 Ejemplo: Clasificación de imágenes MNIST

El conjunto de datos MNIST contiene imágenes de dígitos escritos a mano (del 0 al 9). Nuestro objetivo será clasificar estas imágenes utilizando una red neuronal completamente conectada.

```
import tensorflow as tf
from tensorflow.keras import layers, models
from tensorflow.keras.datasets import mnist
```

```python
# Cargar el conjunto de datos MNIST
(X_train, y_train), (X_test, y_test) = mnist.load_data()

# Preprocesar los datos
X_train = X_train.reshape(-1, 28 * 28).astype("float32") / 255
X_test = X_test.reshape(-1, 28 * 28).astype("float32") / 255

# Definir el modelo
modelo = models.Sequential([
    layers.Dense(128, activation='relu', input_shape=(28 * 28,)),
    layers.Dense(64, activation='relu'),
    layers.Dense(10, activation='softmax')
])

# Compilar el modelo
modelo.compile(optimizer='adam', loss='sparse_categorical_crossentropy', metrics=['accuracy'])

# Entrenar el modelo
modelo.fit(X_train, y_train, epochs=5, batch_size=32, validation_split=0.2)

# Evaluar el modelo
test_loss, test_acc = modelo.evaluate(X_test, y_test)
print(f"Precisión en el conjunto de prueba: {test_acc}")
```

En este ejemplo:

- Utilizamos el conjunto de datos MNIST para entrenar una red neuronal completamente conectada.
- El modelo tiene dos capas ocultas con 128 y 64 neuronas, respectivamente, y una capa de salida con 10 neuronas (una para cada dígito).
- Se utiliza la función de activación **ReLU** para las capas ocultas y **softmax** para la capa de salida.

11.3.2 Guardar y cargar un modelo entrenado

Puedes guardar un modelo entrenado y cargarlo más tarde sin necesidad de volver a entrenarlo.

Guardar el modelo:

```
modelo.save('modelo_mnist.h5')
```

Cargar el modelo guardado:

```
modelo_cargado = models.load_model('modelo_mnist.h5')
```

11.4 Introducción a PyTorch

PyTorch es otro popular framework de deep learning. Es conocido por ser más flexible y dinámico que TensorFlow, lo que lo hace preferido para investigación y desarrollo rápido de prototipos.

11.4.1 Instalación de PyTorch

Puedes instalar PyTorch con `pip`:

```
pip install torch torchvision
```

11.5 Construir una red neuronal con PyTorch

Veamos cómo implementar una red neuronal simple usando PyTorch para el mismo problema de clasificación de imágenes MNIST.

11.5.1 Ejemplo: Clasificación de imágenes MNIST con PyTorch

```python
import torch
import torch.nn as nn
import torch.optim as optim
from torchvision import datasets, transforms
from torch.utils.data import DataLoader

# Definir las transformaciones para los datos
(escalado y conversión a tensor)
transform =
transforms.Compose([transforms.ToTensor(),
transforms.Normalize((0.5,), (0.5,))])

# Cargar el conjunto de datos MNIST
train_data = datasets.MNIST(root='./data',
train=True, download=True, transform=transform)
test_data = datasets.MNIST(root='./data',
train=False, download=True, transform=transform)
```

```python
train_loader = DataLoader(train_data, batch_size=32, shuffle=True)
test_loader = DataLoader(test_data, batch_size=32, shuffle=False)

# Definir la red neuronal
class RedNeuronal(nn.Module):
    def __init__(self):
        super(RedNeuronal, self).__init__()
        self.fc1 = nn.Linear(28 * 28, 128)
        self.fc2 = nn.Linear(128, 64)
        self.fc3 = nn.Linear(64, 10)

    def forward(self, x):
        x = x.view(-1, 28 * 28)  # Aplanar la entrada
        x = torch.relu(self.fc1(x))
        x = torch.relu(self.fc2(x))
        x = self.fc3(x)
        return x

# Crear una instancia de la red neuronal
modelo = RedNeuronal()

# Definir la función de pérdida y el optimizador
criterio = nn.CrossEntropyLoss()
optimizador = optim.Adam(modelo.parameters(), lr=0.001)

# Entrenar el modelo
for epoch in range(5):
    for imágenes, etiquetas in train_loader:
        optimizador.zero_grad()
        salidas = modelo(imágenes)
```

```
        perdida = criterio(salidas, etiquetas)
        perdida.backward()
        optimizador.step()

# Evaluar el modelo
correctos = 0
total = 0
with torch.no_grad():
    for imágenes, etiquetas in test_loader:
        salidas = modelo(imágenes)
        _, predicciones = torch.max(salidas, 1)
        correctos += (predicciones == etiquetas).sum().item()
        total += etiquetas.size(0)

precision = correctos / total
print(f"Precisión en el conjunto de prueba: {precision}")
```

En este ejemplo:

- Implementamos una red neuronal similar al ejemplo de TensorFlow, pero usando PyTorch.
- Utilizamos el conjunto de datos MNIST y cargamos los datos utilizando `DataLoader`.
- La red tiene tres capas totalmente conectadas, y se usa ReLU como función de activación.

11.6 Tipos de redes neuronales

En deep learning, existen varios tipos de redes neuronales que se utilizan para resolver diferentes tipos de problemas.

11.6.1 Redes Neuronales Convolucionales (CNN)

Las **redes neuronales convolucionales** (CNNs) son especialmente útiles para el reconocimiento de imágenes. Aplican convoluciones para extraer características relevantes de las imágenes.

Ejemplo básico de CNN en TensorFlow:

```
modelo_cnn = models.Sequential([
    layers.Conv2D(32, (3, 3), activation='relu', input_shape=(28, 28, 1)),
    layers.MaxPooling2D((2, 2)),
    layers.Conv2D(64, (3, 3), activation='relu'),
    layers.MaxPooling2D((2, 2)),
    layers.Flatten(),
    layers.Dense(64, activation='relu'),
    layers.Dense(10, activation='softmax')
])

modelo_cnn.compile(optimizer='adam', loss='sparse_categorical_crossentropy', metrics=['accuracy'])
```

11.6.2 Redes Neuronales Recurrentes (RNN)

Las **redes neuronales recurrentes** (RNNs) son útiles para procesar secuencias de datos, como texto o series temporales. Un tipo popular de RNN es la **LSTM** (Long Short-Term Memory).

Ejemplo básico de LSTM en TensorFlow:

```
modelo_lstm =

 models.Sequential([
    layers.LSTM(64, input_shape=(100, 1)),
    layers.Dense(1)
])

modelo_lstm.compile(optimizer='adam',
loss='mean_squared_error')
```

11.7 Entrenamiento en GPU

Uno de los mayores beneficios del deep learning es la capacidad de entrenar redes neuronales en **GPUs** (tarjetas gráficas), lo que acelera significativamente el proceso.

- En **TensorFlow**, el entrenamiento en GPU se maneja automáticamente si una GPU está disponible.
- En **PyTorch**, debes mover el modelo y los datos a la GPU utilizando `.to(device)`:

```
device = torch.device('cuda' if
torch.cuda.is_available() else 'cpu')
modelo = RedNeuronal().to(device)
```

11.8 Ejercicio práctico

Ejercicio: Clasificación de imágenes con CNN (CIFAR-10)

Usa una **Red Neuronal Convolucional** para clasificar las imágenes del conjunto de datos **CIFAR-10**, que contiene 60,000 imágenes de 10 clases diferentes.

```python
import tensorflow as tf
from tensorflow.keras import datasets, layers, models

# Cargar y preprocesar el conjunto de datos CIFAR-10
(X_train, y_train), (X_test, y_test) = datasets.cifar10.load_data()
X_train, X_test = X_train / 255.0, X_test / 255.0

# Definir la CNN
modelo_cnn = models.Sequential([
    layers.Conv2D(32, (3, 3), activation='relu', input_shape=(32, 32, 3)),
    layers.MaxPooling2D((2, 2)),
    layers.Conv2D(64, (3, 3), activation='relu'),
    layers.MaxPooling2D((2, 2)),
    layers.Conv2D(64, (3, 3), activation='relu'),
    layers.Flatten(),
    layers.Dense(64, activation='relu'),
    layers.Dense(10, activation='softmax')
])

# Compilar el modelo
modelo_cnn.compile(optimizer='adam', loss='sparse_categorical_crossentropy', metrics=['accuracy'])
```

```python
# Entrenar el modelo
modelo_cnn.fit(X_train, y_train, epochs=10,
validation_data=(X_test, y_test))
```

Este ejercicio te permite aplicar una red convolucional a un conjunto de datos más avanzado, **CIFAR-10**.

Este es el contenido del **Capítulo 11** sobre redes neuronales y deep learning en Python usando TensorFlow y PyTorch. En el próximo capítulo, podríamos profundizar en **procesamiento de lenguaje natural (NLP)** o en proyectos más avanzados con deep learning.

Capítulo 12: Procesamiento de Lenguaje Natural (NLP)

El **Procesamiento de Lenguaje Natural (NLP)** es una rama de la inteligencia artificial que se centra en la interacción entre las computadoras y el lenguaje humano. El objetivo de NLP es ayudar a las máquinas a entender, interpretar y generar lenguaje de una manera que sea útil.

NLP tiene aplicaciones en una variedad de tareas como traducción automática, análisis de sentimientos, generación de texto, chatbots y mucho más.

12.1 Bibliotecas populares de NLP

Python tiene varias bibliotecas poderosas que facilitan el trabajo con NLP. Las más comunes son:

- **NLTK (Natural Language Toolkit)**: Una biblioteca completa que proporciona herramientas para trabajar con texto, como tokenización, análisis gramatical, clasificación, etc.
- **spaCy**: Más rápida y eficiente que NLTK, spaCy es ideal para aplicaciones en producción, con modelos preentrenados para análisis gramatical, etiquetado de entidades y otras tareas.
- **Transformers** (Hugging Face): Una biblioteca moderna que proporciona modelos de última generación como **BERT** y **GPT** para tareas avanzadas de NLP.

12.2 Instalación de bibliotecas

Para trabajar con NLP en Python, primero debes instalar algunas de las bibliotecas mencionadas:

```
pip install nltk spacy transformers
```

12.3 Fundamentos del Procesamiento de Texto

Antes de aplicar técnicas avanzadas de NLP, es esencial entender cómo preprocesar el texto.

12.3.1 Tokenización

La **tokenización** es el proceso de dividir el texto en unidades más pequeñas como palabras o frases (llamados **tokens**).

Ejemplo con NLTK:

```python
import nltk
nltk.download('punkt')
from nltk.tokenize import word_tokenize

texto = "El procesamiento de lenguaje natural es fascinante."
tokens = word_tokenize(texto)
print(tokens)  # ['El', 'procesamiento', 'de', 'lenguaje', 'natural', 'es', 'fascinante', '.']
```

12.3.2 Lematización

La **lematización** reduce las palabras a su forma base o raíz, conocida como **lema**. Por ejemplo, las palabras "corriendo" y "corrió" se reducen a la palabra base "correr".

Ejemplo con NLTK:

```python
from nltk.stem import WordNetLemmatizer
nltk.download('wordnet')

lemmatizador = WordNetLemmatizer()
palabras = ['corriendo', 'corrió', 'corre']
lemas = [lemmatizador.lemmatize(palabra, pos='v')
         for palabra in palabras]
print(lemas)  # ['correr', 'correr', 'correr']
```

12.3.3 Eliminación de palabras vacías (Stopwords)

Las **stopwords** son palabras comunes (como "el", "es", "en") que a menudo se eliminan antes del procesamiento, ya que no aportan mucho significado.

Ejemplo con NLTK:

```python
from nltk.corpus import stopwords
nltk.download('stopwords')

texto = "El procesamiento de lenguaje natural es fascinante."
tokens = word_tokenize(texto)
stop_words = set(stopwords.words('spanish'))
tokens_filtrados = [palabra for palabra in tokens if palabra.lower() not in stop_words]
print(tokens_filtrados)  # ['procesamiento', 'lenguaje', 'natural', 'fascinante', '.']
```

12.4 Análisis de Sentimientos

El **análisis de sentimientos** es una técnica de NLP que clasifica el texto según su tono emocional: positivo, negativo o neutral. Se utiliza mucho en redes sociales, encuestas, y análisis de reseñas.

12.4.1 Análisis de Sentimientos con TextBlob

TextBlob es una biblioteca sencilla para tareas básicas de NLP, incluido el análisis de sentimientos.

```
pip install textblob
```

Ejemplo de análisis de sentimientos:

```
from textblob import TextBlob

texto = "Me encanta el aprendizaje automático. Es increíble."
blob = TextBlob(texto)
sentimiento = blob.sentiment
print(sentimiento)  # Sentimiento(polaridad=0.875, subjetividad=0.6)
```

En este ejemplo:

- La **polaridad** va de -1 (negativo) a 1 (positivo).
- La **subjetividad** indica si el texto es más subjetivo (opinión) o objetivo (hecho).

12.5 spaCy para análisis de texto

spaCy es una biblioteca rápida y eficiente para NLP, diseñada para aplicaciones en producción. spaCy ofrece modelos preentrenados para realizar tareas como etiquetado de partes de la oración, reconocimiento de entidades, y análisis gramatical.

12.5.1 Cargar un modelo en spaCy

```
python -m spacy download es_core_news_sm
```

Ejemplo con spaCy:

```python
import spacy

# Cargar el modelo en español
nlp = spacy.load('es_core_news_sm')

# Texto de ejemplo
texto = "El procesamiento de lenguaje natural es una rama de la inteligencia artificial."

# Procesar el texto
doc = nlp(texto)

# Etiquetado de palabras y reconocimiento de entidades
for token in doc:
    print(f'{token.text} - {token.pos_}')

for entidad in doc.ents:
    print(f'{entidad.text} - {entidad.label_}')
```

En este ejemplo, spaCy realiza el **etiquetado gramatical** (Partes del discurso como sustantivos, verbos, adjetivos) y **reconocimiento de entidades** (como nombres de personas, organizaciones, fechas).

12.6 Modelos preentrenados con Transformers

Transformers es una biblioteca moderna desarrollada por Hugging Face que proporciona acceso a modelos de última generación, como **BERT** y **GPT**, los cuales han revolucionado el NLP.

12.6.1 Uso de un modelo preentrenado de Transformers

Puedes usar modelos preentrenados de **Hugging Face** para realizar tareas avanzadas como análisis de sentimientos, traducción, o clasificación de texto.

```
from transformers import pipeline

# Cargar un modelo de análisis de sentimientos
analizador_sentimientos = pipeline('sentiment-analysis', model='nlptown/bert-base-multilingual-uncased-sentiment')

# Analizar el sentimiento de un texto en español
resultado = analizador_sentimientos("Este producto es excelente.")
print(resultado)   # [{'label': '5 stars', 'score': 0.546124}]
```

En este ejemplo, usamos el modelo **BERT Multilingual** para analizar sentimientos en español. Los modelos de transformers son increíblemente poderosos y pueden realizar tareas mucho más complejas que los enfoques tradicionales de NLP.

12.7 Generación de texto con GPT

GPT (Generative Pre-trained Transformer) es un modelo de deep learning capaz de generar texto coherente y creativo a partir de una entrada inicial.

12.7.1 Generación de texto con GPT-2

```python
from transformers import pipeline

# Cargar el modelo GPT-2 para generar texto
generador_texto = pipeline('text-generation', model='gpt2')

# Generar texto basado en una entrada
resultado = generador_texto("En el futuro, las máquinas podrán")
print(resultado[0]['generated_text'])
```

GPT puede generar texto continuo basado en el input proporcionado, creando narrativas o completando frases de manera coherente.

12.8 Ejercicio práctico

Ejercicio: Análisis de Sentimientos de Reseñas

Crea una aplicación que realice análisis de sentimientos de reseñas de productos utilizando el modelo preentrenado de BERT en español. La aplicación debe:

1. Solicitar al usuario que ingrese una reseña de un producto.
2. Clasificar la reseña como positiva, negativa o neutral.

3. Mostrar el resultado al usuario.

```python
from transformers import pipeline

# Cargar el modelo de análisis de sentimientos
analizador_sentimientos = pipeline('sentiment-analysis', model='nlptown/bert-base-multilingual-uncased-sentiment')

# Solicitar reseña del producto
reseña = input("Ingresa la reseña del producto: ")

# Analizar la reseña
resultado = analizador_sentimientos(reseña)
print(f"Clasificación de la reseña: {resultado[0]['label']}")
```

Este ejercicio te permitirá practicar la integración de un modelo de **Transformers** para realizar análisis de sentimientos en texto real.

Este es el contenido del **Capítulo 12** sobre **Procesamiento de Lenguaje Natural (NLP)** usando Python y diversas bibliotecas. En el próximo capítulo, podríamos explorar temas avanzados como **generación de texto con redes neuronales** o desarrollar un proyecto de **chatbot** utilizando NLP.

Capítulo 13: Creación de Chatbots usando NLP

Los **chatbots** son sistemas que permiten la interacción entre humanos y computadoras utilizando lenguaje natural. Son ampliamente utilizados en atención al cliente, comercio electrónico y aplicaciones de mensajería.

En este capítulo, aprenderás a construir un chatbot básico que pueda realizar conversaciones simples y responder preguntas comunes. También exploraremos cómo mejorar su inteligencia utilizando técnicas avanzadas de NLP.

13.1 Tipos de chatbots

Existen dos tipos principales de chatbots:

1. **Chatbots basados en reglas**: Siguen un conjunto predefinido de reglas para responder preguntas específicas.
2. **Chatbots con NLP**: Utilizan técnicas de procesamiento de lenguaje natural y machine learning para entender y generar respuestas.

13.2 Creación de un chatbot basado en reglas

Un chatbot basado en reglas sigue una lógica de "si esto, entonces aquello". Las respuestas están predefinidas para ciertas entradas.

13.2.1 Ejemplo de un chatbot básico con reglas

Vamos a crear un chatbot sencillo utilizando un diccionario para mapear preguntas a respuestas.

```python
def chatbot_respuesta(pregunta):
    respuestas = {
        "Hola": "¡Hola! ¿Cómo estás?",
        "¿Cuál es tu nombre?": "Soy un chatbot creado en Python.",
        "Adiós": "¡Adiós! Espero hablar contigo pronto."
    }
    return respuestas.get(pregunta, "Lo siento, no entiendo la pregunta.")

while True:
    entrada = input("Tú: ")
    if entrada.lower() == "adiós":
        print("Chatbot: ¡Adiós!")
        break
    respuesta = chatbot_respuesta(entrada)
    print(f"Chatbot: {respuesta}")
```

En este ejemplo, el chatbot puede responder a tres preguntas básicas: "Hola", "¿Cuál es tu nombre?" y "Adiós". Si la pregunta no está en el diccionario, el chatbot responde con un mensaje predeterminado.

13.3 Creación de un chatbot con NLP

Los chatbots basados en NLP son más avanzados, ya que pueden procesar el lenguaje natural, analizar las intenciones del usuario y generar respuestas más inteligentes.

13.3.1 Chatbot con ChatterBot

ChatterBot es una biblioteca de Python que facilita la creación de chatbots con machine learning. Aprende a través de las conversaciones y puede generar respuestas automáticamente.

Instalación de ChatterBot:

```
pip install chatterbot chatterbot_corpus
```

Crear un chatbot con ChatterBot:

```python
from chatterbot import ChatBot
from chatterbot.trainers import ChatterBotCorpusTrainer

# Crear el chatbot
chatbot = ChatBot("MiBot")

# Entrenar el chatbot
entrenador = ChatterBotCorpusTrainer(chatbot)
entrenador.train("chatterbot.corpus.spanish")

# Interactuar con el chatbot
while True:
    entrada = input("Tú: ")
    if entrada.lower() == "adiós":
        print("Chatbot: ¡Adiós!")
```

```
        break
    respuesta = chatbot.get_response(entrada)
    print(f"Chatbot: {respuesta}")
```

En este ejemplo:

- El chatbot se entrena utilizando el corpus de ChatterBot en español.
- El chatbot responde automáticamente a las entradas del usuario.

13.4 Mejorando el chatbot con spaCy

spaCy permite a los chatbots comprender mejor las intenciones de los usuarios mediante la extracción de entidades, el análisis de dependencias y el etiquetado gramatical. Puedes usar spaCy para mejorar la comprensión del lenguaje del chatbot.

13.4.1 Extracción de entidades con spaCy

Podemos integrar **spaCy** en nuestro chatbot para identificar entidades como nombres de personas, fechas o lugares.

```
import spacy

# Cargar el modelo en español
nlp = spacy.load('es_core_news_sm')

def chatbot_respuesta(pregunta):
    doc = nlp(pregunta)
    for entidad in doc.ents:
        print(f"Entidad reconocida: {entidad.text} - Tipo: {entidad.label_}")
```

```python
    if "nombre" in pregunta:
        return "Mi nombre es Chatbot."
    else:
        return "Lo siento, no entiendo la pregunta."

while True:
    entrada = input("Tú: ")
    if entrada.lower() == "adiós":
        print("Chatbot: ¡Adiós!")
        break
    respuesta = chatbot_respuesta(entrada)
    print(f"Chatbot: {respuesta}")
```

En este ejemplo:

- El chatbot utiliza spaCy para identificar entidades en las preguntas del usuario.
- Si detecta un nombre, puede responder con una respuesta predefinida.

13.5 Uso de modelos avanzados con Transformers

Para crear chatbots avanzados que entiendan y generen lenguaje natural de forma más precisa, podemos utilizar modelos preentrenados como **BERT** y **GPT** a través de la biblioteca **Transformers** de Hugging Face.

13.5.1 Crear un chatbot con GPT-2

GPT-2 es un modelo generativo que puede responder preguntas y generar texto continuo. Vamos a usar **GPT-2** para crear un chatbot que pueda mantener una conversación coherente.

```python
from transformers import pipeline

# Cargar el modelo GPT-2 para generación de texto
chatbot_gpt = pipeline('text-generation', model='gpt2')

def chatbot_respuesta_gpt(pregunta):
    respuesta = chatbot_gpt(pregunta, max_length=50)
    return respuesta[0]['generated_text']

while True:
    entrada = input("Tú: ")
    if entrada.lower() == "adiós":
        print("Chatbot: ¡Adiós!")
        break
    respuesta = chatbot_respuesta_gpt(entrada)
    print(f"Chatbot: {respuesta}")
```

En este ejemplo:

- Utilizamos **GPT-2** para generar respuestas a las entradas del usuario.

- El chatbot puede mantener una conversación más fluida y generar respuestas más largas que los enfoques basados en reglas.

13.6 Evaluación y Mejora del Chatbot

Una parte esencial de la creación de chatbots es medir su efectividad. Aquí hay algunas métricas comunes:

- **Precisión**: ¿El chatbot responde correctamente a las preguntas?
- **Tasa de error**: ¿Cuántas veces el chatbot no entiende o no puede responder?
- **Satisfacción del usuario**: ¿Qué tan satisfecho está el usuario con las respuestas?

Puedes mejorar el rendimiento de tu chatbot mediante:

- Entrenamiento con conjuntos de datos más grandes.
- Implementación de aprendizaje por refuerzo.
- Incorporación de técnicas avanzadas de NLP como **transformers** o **LSTMs**.

13.7 Integración del chatbot con aplicaciones web

Una vez que tu chatbot funcione correctamente, puedes integrarlo en una aplicación web utilizando frameworks como **Flask** o **Django**. Esto te permitirá crear una interfaz interactiva para los usuarios.

13.7.1 Chatbot con Flask

Aquí te muestro un ejemplo de cómo integrar un chatbot simple en una aplicación web Flask:

```python
from flask import Flask, render_template, request
from transformers import pipeline

app = Flask(__name__)

# Cargar el modelo GPT-2
chatbot_gpt = pipeline('text-generation', model='gpt2')

@app.route('/')
def index():
    return render_template('index.html')

@app.route('/chat', methods=['POST'])
def chat():
    entrada_usuario = request.form['mensaje']
    respuesta_chatbot = chatbot_gpt(entrada_usuario, max_length=50)
    return respuesta_chatbot[0]['generated_text']

if __name__ == '__main__':
    app.run(debug=True)
```

Archivo `index.html`:

```html
<!DOCTYPE html>
<html lang="es">
<head>
    <meta charset="UTF-8">
```

```html
<meta name="viewport" content="width=device-width, initial-scale=1.0">
    <title>Chatbot</title>
</head>
<body>
    <h1>Chat con el Chatbot</h1>
    <form action="/chat" method="POST">
        <label for="mensaje">Escribe tu mensaje:</label><br>
        <input type="text" id="mensaje" name="mensaje"><br>
        <input type="submit" value="Enviar">
    </form>
</body>
</html>
```

En este ejemplo:

- Creamos una aplicación Flask simple donde los usuarios pueden enviar mensajes al chatbot.
- El chatbot, basado en GPT-2, genera una respuesta que se muestra en la página.

13.8 Ejercicio práctico

Ejercicio: Chatbot de atención al cliente

Crea un chatbot para atención al cliente que pueda responder preguntas comunes como:

1. "¿Cuáles son los horarios de atención?"
2. "¿Dónde están ubicados?"
3. "¿Qué métodos de pago aceptan?"

Utiliza **ChatterBot** o un enfoque basado en reglas para responder preguntas predefinidas y asegúrate de manejar respuestas en caso de preguntas desconocidas.

```python
def chatbot_cliente(pregunta):
    respuestas = {
        "¿Cuáles son los horarios de atención?": "Estamos abiertos de 9 AM a 6 PM, de lunes a viernes.",
        "¿Dónde están ubicados?": "Nuestra tienda está ubicada en el centro de la ciudad.",
        "¿Qué métodos de pago aceptan?": "Aceptamos tarjetas de crédito, débito y pagos en efectivo."
    }
    return respuestas.get(pregunta, "Lo siento, no tengo la respuesta a esa pregunta.")

while True:
    entrada = input("Tú: ")
    if entrada.lower() == "adiós":
        print("Chatbot: ¡Adiós!")
        break
    respuesta = chatbot_cliente(entrada)
    print(f"Chatbot: {respuesta}")
```

Este ejercicio te permitirá crear un chatbot sencillo para atención al cliente y comprender cómo manejar respuestas predefinidas.

Este es el contenido del **Capítulo 13** sobre **Creación de Chatbots usando NLP**. En el próximo capítulo, podríamos explorar temas más avanzados como **chatbots contextuales** o integrar tu chatbot con plataformas de mensajería como **Telegram** o **Facebook Messenger**.

Capítulo 14: Machine Learning y Ciencia de Datos

El **aprendizaje automático (Machine Learning)** es una rama de la inteligencia artificial que permite a las computadoras aprender de los datos y tomar decisiones basadas en ellos. Se utiliza en diversas aplicaciones, como reconocimiento de imágenes, procesamiento de lenguaje natural, predicción de tendencias y análisis de datos.

14.1 Introducción al aprendizaje automático con `scikit-learn`

scikit-learn es una de las bibliotecas más populares de Python para machine learning. Proporciona herramientas simples y eficientes para el análisis de datos y la construcción de modelos de aprendizaje automático.

14.1.1 Flujo de trabajo en Machine Learning

El proceso típico de un proyecto de Machine Learning incluye los siguientes pasos:

1. **Recolección de datos**: Obtener datos relevantes para el problema.
2. **Preprocesamiento**: Limpiar y preparar los datos.
3. **División de los datos**: Separar los datos en conjuntos de entrenamiento y prueba.
4. **Selección del modelo**: Elegir un algoritmo de machine learning adecuado.
5. **Entrenamiento del modelo**: Ajustar el modelo a los datos de entrenamiento.
6. **Evaluación del modelo**: Evaluar el rendimiento del modelo en los datos de prueba.
7. **Optimización y ajuste**: Mejorar el modelo ajustando sus hiperparámetros.
8. **Predicción**: Usar el modelo entrenado para hacer predicciones en nuevos datos.

14.1.2 Primer ejemplo con `scikit-learn`: Clasificación con K-Vecinos más Cercanos (KNN)

Vamos a usar un conjunto de datos de ejemplo para clasificar flores en el famoso **conjunto de datos Iris** usando el algoritmo de **K-Vecinos más Cercanos (KNN)**.

Código del ejemplo:

```python
from sklearn import datasets
```

```python
from sklearn.model_selection import train_test_split
from sklearn.neighbors import KNeighborsClassifier
from sklearn.metrics import accuracy_score

# Cargar el conjunto de datos Iris
iris = datasets.load_iris()
X = iris.data  # Características (longitud y ancho del pétalo y sépalo)
y = iris.target  # Clases (0 = setosa, 1 = versicolor, 2 = virginica)

# Dividir los datos en conjunto de entrenamiento y prueba
X_train, X_test, y_train, y_test = train_test_split(X, y, test_size=0.2)

# Crear el modelo KNN
knn = KNeighborsClassifier(n_neighbors=3)

# Entrenar el modelo
knn.fit(X_train, y_train)

# Hacer predicciones
y_pred = knn.predict(X_test)

# Evaluar el modelo
accuracy = accuracy_score(y_test, y_pred)
print(f"Precisión del modelo: {accuracy}")
```

14.1.3 Preprocesamiento de datos

En Machine Learning, a menudo es necesario **preprocesar** los datos antes de entrenar un modelo. El preprocesamiento puede incluir:

- **Escalado de características**: Normalizar o estandarizar los valores de las características.
- **Codificación de variables categóricas**: Convertir variables categóricas en valores numéricos.
- **Tratamiento de valores faltantes**: Imputar o eliminar valores faltantes en los datos.

Ejemplo de escalado de características:

```
from sklearn.preprocessing import StandardScaler

# Crear un escalador estándar
scaler = StandardScaler()

# Ajustar y transformar los datos de entrenamiento
X_train_scaled = scaler.fit_transform(X_train)

# Transformar los datos de prueba
X_test_scaled = scaler.transform(X_test)
```

14.2 Redes Neuronales con TensorFlow y PyTorch

Además de **scikit-learn**, Python ofrece potentes herramientas como **TensorFlow** y **PyTorch** para trabajar con **redes neuronales** y **deep learning**.

14.2.1 Redes Neuronales con TensorFlow

TensorFlow es una biblioteca de código abierto desarrollada por Google que facilita la creación y el entrenamiento de redes neuronales. Utiliza **Keras** como su API de alto nivel para definir modelos de manera sencilla.

Ejemplo: Clasificación de imágenes MNIST con TensorFlow

El siguiente ejemplo muestra cómo construir una red neuronal simple para clasificar imágenes de dígitos escritos a mano (conjunto de datos MNIST).

```python
import tensorflow as tf
from tensorflow.keras import layers, models
from tensorflow.keras.datasets import mnist

# Cargar el conjunto de datos MNIST
(X_train, y_train), (X_test, y_test) = mnist.load_data()

# Preprocesar los datos
X_train = X_train.reshape(-1, 28 * 28).astype('float32') / 255
X_test = X_test.reshape(-1, 28 * 28).astype('float32') / 255
```

```python
# Definir el modelo de red neuronal
modelo = models.Sequential([
    layers.Dense(128, activation='relu', input_shape=(28 * 28,)),
    layers.Dense(64, activation='relu'),
    layers.Dense(10, activation='softmax')
])

# Compilar el modelo
modelo.compile(optimizer='adam', loss='sparse_categorical_crossentropy', metrics=['accuracy'])

# Entrenar el modelo
modelo.fit(X_train, y_train, epochs=5, batch_size=32, validation_split=0.2)

# Evaluar el modelo
test_loss, test_acc = modelo.evaluate(X_test, y_test)
print(f"Precisión en el conjunto de prueba: {test_acc}")
```

14.2.2 Redes Neuronales con PyTorch

PyTorch es otra biblioteca popular para trabajar con redes neuronales. Es muy flexible y es preferido por los investigadores debido a su naturaleza dinámica.

Ejemplo: Clasificación de imágenes MNIST con PyTorch

```python
import torch
import torch.nn as nn
import torch.optim as optim
from torchvision import datasets, transforms
from torch.utils.data import DataLoader

# Definir transformaciones para los datos (escalado
y conversión a tensor)
transform = transforms.Compose([transforms.ToTensor(),
transforms.Normalize((0.5,), (0.5,))])

# Cargar el conjunto de datos MNIST
train_data = datasets.MNIST(root='./data', train=True, download=True, transform=transform)
test_data = datasets.MNIST(root='./data', train=False, download=True, transform=transform)

train_loader = DataLoader(train_data, batch_size=32, shuffle=True)
test_loader = DataLoader(test_data, batch_size=32, shuffle=False)

# Definir la red neuronal
class RedNeuronal(nn.Module):
    def __init__(self):
        super(RedNeuronal, self).__init__()
        self.fc1 = nn.Linear(28 * 28, 128)
        self.fc2 = nn.Linear(128, 64)
        self.fc3 = nn.Linear(64, 10)

    def forward(self, x):
```

```python
        x = x.view(-1, 28 * 28)  # Aplanar la entrada
        x = torch.relu(self.fc1(x))
        x = torch.relu(self.fc2(x))
        x = self.fc3(x)
        return x

# Crear una instancia de la red neuronal
modelo = RedNeuronal()

# Definir la función de pérdida y el optimizador
criterio = nn.CrossEntropyLoss()
optimizador = optim.Adam(modelo.parameters(), lr=0.001)

# Entrenar el modelo
for epoch in range(5):
    for imágenes, etiquetas in train_loader:
        optimizador.zero_grad()
        salidas = modelo(imágenes)
        perdida = criterio(salidas, etiquetas)
        perdida.backward()
        optimizador.step()

# Evaluar el modelo
correctos = 0
total = 0
with torch.no_grad():
    for imágenes, etiquetas in test_loader:
        salidas = modelo(imágenes)
        _, predicciones = torch.max(salidas, 1)
        correctos += (predicciones == etiquetas).sum().item()
        total += etiquetas.size(0)
```

```
precision = correctos / total
print(f"Precisión en el conjunto de prueba: {precision}")
```

14.3 Procesamiento de datos y entrenamiento de modelos

El **procesamiento de datos** es crucial en cualquier proyecto de Machine Learning. A continuación, discutimos algunas técnicas clave que se utilizan para preparar los datos antes de entrenar un modelo.

14.3.1 Tratamiento de valores faltantes

Los valores faltantes son comunes en conjuntos de datos. Puedes manejarlos eliminándolos o imputando valores para reemplazarlos.

Ejemplo de imputación de valores faltantes:

```python
from sklearn.impute import SimpleImputer
import numpy as np

# Crear un conjunto de datos con valores faltantes
X = np.array([[1, 2], [3, np.nan], [7, 6]])

# Crear un imputador para reemplazar los valores
# faltantes con la media
imputer = SimpleImputer(strategy='mean')

# Ajustar e imputar
X_imputado = imputer.fit_transform(X)
print(X_imputado)
```

14.3.2 Codificación

de variables categóricas

Las **variables categóricas** deben ser convertidas a un formato numérico antes de usarlas en modelos de machine learning.

Ejemplo de codificación con One-Hot Encoding:

```python
from sklearn.preprocessing import OneHotEncoder

# Crear una variable categórica
categorias = np.array([['Rojo'], ['Verde'], ['Azul']])

# Crear un codificador One-Hot
encoder = OneHotEncoder(sparse=False)

# Ajustar y transformar los datos
categorias_codificadas = encoder.fit_transform(categorias)
print(categorias_codificadas)
```

14.4 Ejercicio práctico

Ejercicio: Predecir precios de viviendas

Usa el conjunto de datos de precios de viviendas (Housing) para predecir el precio de una casa basada en características como el tamaño, número de habitaciones, etc.

```python
from sklearn.datasets import fetch_california_housing
from sklearn.model_selection import train_test_split
```

```python
from sklearn.linear_model import LinearRegression
from sklearn.metrics import mean_squared_error

# Cargar el conjunto de datos de California Housing
datos = fetch_california_housing()

# Dividir los datos en conjunto de entrenamiento y prueba
X_train, X_test, y_train, y_test = train_test_split(datos.data, datos.target, test_size=0.2)

# Crear y entrenar el modelo de regresión lineal
modelo = LinearRegression()
modelo.fit(X_train, y_train)

# Hacer predicciones
y_pred = modelo.predict(X_test)

# Evaluar el modelo
mse = mean_squared_error(y_test, y_pred)
print(f"Error cuadrático medio: {mse}")
```

Este ejercicio te permitirá aplicar un modelo de **regresión lineal** a un conjunto de datos real y evaluar su rendimiento.

Este es el contenido del **Capítulo 14** sobre **Machine Learning y Ciencia de Datos**. En el siguiente capítulo, podríamos explorar **buenas prácticas y herramientas avanzadas** para mejorar la calidad y eficiencia de tu código en Python.

Capítulo 15: Buenas prácticas y herramientas avanzadas

La calidad del código es fundamental para el éxito de cualquier proyecto de software. Un código bien escrito es más fácil de entender, mantener y extender. En este capítulo, aprenderás cómo aplicar buenas prácticas de programación, realizar pruebas unitarias para asegurar que tu código funciona correctamente y utilizar herramientas avanzadas que facilitan el desarrollo y mantenimiento de tus aplicaciones en Python.

15.1 Importancia de las buenas prácticas en programación

Las buenas prácticas en programación no solo mejoran la legibilidad del código, sino que también ayudan a prevenir errores y facilitar el trabajo en equipo. Algunas ventajas de seguir buenas prácticas incluyen:

- **Mantenibilidad**: Un código bien estructurado es más fácil de mantener y actualizar.
- **Reutilización**: Las funciones y módulos bien diseñados pueden reutilizarse en otros proyectos.
- **Colaboración**: Facilita que otros desarrolladores entiendan y contribuyan al proyecto.
- **Calidad**: Reduce la probabilidad de errores y bugs en el código.

15.2 Estilo de código con PEP 8

El **PEP 8** es una guía de estilo para escribir código Python legible y consistente. Seguir sus recomendaciones ayuda a mantener un estándar en el código, especialmente cuando se trabaja en equipo.

15.2.1 Principales recomendaciones del PEP 8

- **Indentación**:
    - Usa **4 espacios** por nivel de indentación.
    - No mezcles espacios y tabulaciones.
- **Longitud de línea**:
    - Limita las líneas a un máximo de **79 caracteres**.
- **Espacios en blanco**:
    - Añade una línea en blanco entre funciones y clases.
    - Usa espacios alrededor de operadores y después de comas.
- **Nombres de variables y funciones**:
    - Usa **snake_case**: `mi_variable`, `calcular_total()`.
- **Nombres de clases**:
    - Usa **CamelCase**: `MiClase`, `ClienteVIP`.
- **Importaciones**:
    - Realiza las importaciones en la parte superior del archivo.
    - Importa un módulo por línea.
- **Comillas**:

- Puedes usar comillas simples o dobles, pero sé consistente.

Ejemplo de código siguiendo PEP 8:

```python
import os
import sys

class MiClase:
    def __init__(self, atributo):
        self.atributo = atributo

    def mi_metodo(self, valor):
        resultado = self.atributo + valor
        return resultado

def funcion_principal():
    objeto = MiClase(10)
    print(objeto.mi_metodo(5))

if __name__ == "__main__":
    funcion_principal()
```

15.3 Documentación del código

La documentación es esencial para explicar qué hace el código, cómo usarlo y por qué se tomaron ciertas decisiones. Una buena documentación facilita el mantenimiento y la colaboración.

15.3.1 Docstrings

Las **docstrings** son cadenas de documentación que se colocan inmediatamente después de la definición de un módulo, clase o función. Describen brevemente su propósito y uso.

Ejemplo de docstring en una función:

```python
def calcular_area_rectangulo(base, altura):
    """
    Calcula el área de un rectángulo.

    Parámetros:
    base (float): La base del rectángulo.
    altura (float): La altura del rectángulo.

    Retorna:
    float: El área del rectángulo.
    """
    return base * altura
```

15.3.2 Estilos de docstrings

Existen varios estilos para escribir docstrings, como el estilo **reStructuredText** y el **Google Style**. Lo importante es ser consistente en el estilo que elijas.

Ejemplo de docstring con Google Style:

```python
def calcular_volumen_cubo(lado):
    """Calcula el volumen de un cubo.

    Args:
        lado (float): La longitud de un lado del cubo.

    Returns:
        float: El volumen del cubo.
    """
    return lado ** 3
```

15.3.3 Generación de documentación automática

Herramientas como **Sphinx** pueden generar documentación en formato HTML o PDF a partir de las docstrings, facilitando la creación de documentación completa para tu proyecto.

15.4 Depuración y pruebas unitarias

Las pruebas y la depuración son partes fundamentales del ciclo de desarrollo de software. Ayudan a identificar y corregir errores, garantizando que el código funcione según lo esperado.

15.4.1 Depuración

La depuración es el proceso de encontrar y solucionar errores en el código. Algunas técnicas y herramientas para depurar en Python incluyen:

- **Declaraciones** `print()`:

    - Útil para inspeccionar valores de variables en puntos específicos del código.
- **Uso del módulo `pdb`**:
    - El depurador interactivo de Python permite ejecutar el código paso a paso, inspeccionar variables y evaluar expresiones.

Ejemplo de uso de `pdb`:

```python
import pdb

def dividir(a, b):
    pdb.set_trace()
    return a / b

resultado = dividir(10, 0)
```

Al ejecutar este código, el programa se detendrá en `pdb.set_trace()`, permitiéndote investigar por qué ocurre un error (en este caso, división por cero).

15.4.2 Pruebas unitarias con `unittest`

El módulo `unittest` es parte de la biblioteca estándar de Python y permite crear pruebas para unidades individuales de código (como funciones o métodos).

Ejemplo de prueba unitaria:

```python
import unittest

def es_par(numero):
    return numero % 2 == 0
```

```python
class TestEsPar(unittest.TestCase):
    def test_es_par(self):
        self.assertTrue(es_par(2))
        self.assertFalse(es_par(3))
        self.assertTrue(es_par(0))
        self.assertFalse(es_par(-1))

if __name__ == '__main__':
    unittest.main()
```

Al ejecutar este script, se realizarán las pruebas definidas en la clase `TestEsPar`.

15.5 Herramientas avanzadas

Además de las herramientas incluidas en Python, existen herramientas de terceros que pueden mejorar tu flujo de trabajo y la calidad de tu código.

15.5.1 `pytest`

`pytest` es un marco de pruebas sencillo y potente que facilita la escritura y ejecución de pruebas.

Instalación:

```
pip install pytest
```

Ejemplo de prueba con `pytest`:

```python
# archivo test_calculadora.py

def sumar(a, b):
    return a + b

def test_sumar():
    assert sumar(2, 3) == 5
    assert sumar(-1, 1) == 0
    assert sumar(0, 0) == 0
```

Para ejecutar las pruebas, simplemente ejecuta:

```
pytest
```

`pytest` detectará automáticamente los archivos y funciones de prueba (aquellos que comienzan con `test_`).

15.5.2 mypy

`mypy` es una herramienta para realizar comprobación estática de tipos en Python, ayudando a detectar errores de tipos antes de ejecutar el código.

Instalación:

```
pip install mypy
```

Ejemplo con anotaciones de tipo:

```python
def multiplicar(a: int, b: int) -> int:
    return a * b

resultado = multiplicar(2, '3')  # Error: '3' es una cadena, no un entero
```

Al ejecutar `mypy`:

```
mypy archivo.py
```

`mypy` reportará el error de tipos, permitiéndote corregirlo antes de que cause problemas en tiempo de ejecución.

15.5.3 `pylint`

`pylint` es una herramienta que analiza el código para encontrar errores, code smells y asegurar que sigue las convenciones de estilo.

Instalación:

```
pip install pylint
```

Uso:

```
pylint archivo.py
```

`pylint` generará un informe con puntuaciones y sugerencias para mejorar tu código.

15.6 Gestión de dependencias con entornos virtuales

Los **entornos virtuales** te permiten aislar las dependencias de un proyecto para evitar conflictos entre diferentes proyectos.

15.6.1 Creación de un entorno virtual con `venv`

Para crear un entorno virtual:

```
python -m venv mi_entorno
```

Para activarlo:

- En Windows:

    ```
    mi_entorno\Scripts\activate
    ```

- En Unix o MacOS:

    ```
    source mi_entorno/bin/activate
    ```

Una vez activado, puedes instalar paquetes que solo afectarán a este entorno.

15.7 Control de versiones con Git

El uso de **control de versiones** es esencial para el desarrollo colaborativo y el seguimiento de cambios en el código.

15.7.1 Conceptos básicos de Git

- **Repositorio**: Lugar donde se almacena el código y su historial.
- **Commit**: Un conjunto de cambios registrados.
- **Branch**: Una rama que permite desarrollar funcionalidades de forma aislada.
- **Merge**: Combina cambios de diferentes ramas.

Comandos básicos:

- `git init`: Inicializa un repositorio.
- `git clone`: Clona un repositorio existente.
- `git add`: Añade cambios al área de preparación.
- `git commit`: Registra los cambios en el repositorio.
- `git push`: Envía los commits al repositorio remoto.
- `git pull`: Actualiza el repositorio local con los cambios remotos.

15.8 Ejercicio práctico

Ejercicio: Mejora y prueba una calculadora

1. **Implementa una clase** `Calculadora` que tenga métodos para sumar, restar, multiplicar y dividir.

```
class Calculadora:
    """Clase que representa una calculadora básica."""
```

```python
    def sumar(self, a: float, b: float) -> float:
        """Devuelve la suma de a y b."""
        return a + b

    def restar(self, a: float, b: float) -> float:
        """Devuelve la resta de b a a."""
        return a - b

    def multiplicar(self, a: float, b: float) -> float:
        """Devuelve la multiplicación de a y b."""
        return a * b

    def dividir(self, a: float, b: float) -> float:
        """Devuelve la división de a entre b."""
        if b == 0:
            raise ValueError("No se puede dividir por cero.")
        return a / b
```

2. **Escribe pruebas unitarias** para cada método utilizando pytest.

```python
# archivo test_calculadora.py

from calculadora import Calculadora
import pytest

calculadora = Calculadora()

def test_sumar():
```

```
    assert calculadora.sumar(2, 3) == 5
    assert calculadora.sumar(-1, 1) == 0

def test_restar():
    assert calculadora.restar(5, 3) == 2
    assert calculadora.restar(0, 0) == 0

def test_multiplicar():
    assert calculadora.multiplicar(4, 2) == 8
    assert calculadora.multiplicar(-1, 5) == -5

def test_dividir():
    assert calculadora.dividir(10, 2) == 5
    with pytest.raises(ValueError):
        calculadora.dividir(5, 0)
```

3. **Analiza el código con** `pylint` y corrige cualquier advertencia o error.

   Ejecuta:

   ```
   pylint calculadora.py
   ```

4. **Añade anotaciones de tipo** y utiliza `mypy` para comprobar la consistencia de tipos.

   Ejecuta:

   ```
   mypy calculadora.py
   ```

5. **Versiona tu código con Git**:

```
git init
git add calculadora.py test_calculadora.py
git commit -m "Implementación de la clase
Calculadora con pruebas unitarias"
```

Este es el contenido del **Capítulo 15** sobre **Buenas prácticas y herramientas avanzadas** en Python. En el próximo capítulo, integraremos todos los conocimientos adquiridos en un **Proyecto final: Desarrollo de una aplicación completa**.

Postfacio

Al llegar al final de este libro, quiero invitarte a reflexionar sobre el camino que has recorrido. Desde los fundamentos de Python hasta los temas más avanzados, cada capítulo ha estado diseñado para llevarte un paso más cerca de convertirte en un programador competente y seguro en tus habilidades. No obstante, este libro no marca el fin de tu viaje, sino solo el comienzo.

La programación es un campo en constante evolución. Las tecnologías cambian, las herramientas mejoran y las oportunidades para innovar crecen cada día. Sin embargo, la clave del éxito en este ámbito no radica solo en el conocimiento técnico, sino en la capacidad de aprender y adaptarse de manera continua. Python, con su versatilidad y simplicidad, es una plataforma sólida que te permitirá abordar una amplia gama de proyectos y desafíos en el futuro.

Es posible que, a lo largo de la lectura, hayas encontrado momentos en los que el código te ha frustrado o desafíos que parecían insuperables. Esto es parte natural del proceso de aprendizaje. La verdadera maestría en la programación no viene solo de entender los conceptos, sino de aplicar esas ideas con paciencia, creatividad y persistencia. Y cada error o obstáculo que superes en el camino es una oportunidad para aprender y crecer.

Mi intención con este libro ha sido no solo brindarte las herramientas técnicas necesarias para dominar Python, sino también inspirarte a ver el código como algo más que una simple secuencia de instrucciones. El código es, en muchos aspectos, una forma de expresión personal, una manera de solucionar problemas y de mejorar el mundo a tu alrededor. Mi esperanza es que, al final de este viaje, puedas abordar cualquier desafío de programación con confianza y curiosidad.

A medida que sigas avanzando en tu carrera, te animo a que compartas tu conocimiento con otros, que colabores en proyectos, y que no dejes de explorar nuevas áreas. Python es solo el comienzo de lo que puedes lograr, y la comunidad de desarrolladores siempre estará allí para apoyarte y aprender contigo.

Gracias por permitirme acompañarte en este trayecto. Si este libro te ha ayudado a mejorar, aprender algo nuevo, o ver el código de una manera diferente, entonces el esfuerzo habrá valido la pena. Confío en que continuarás escribiendo tu propio camino en el mundo del desarrollo, y espero que Python siga siendo una herramienta poderosa en tu kit de habilidades.

Agradecimientos

La creación de este libro ha sido un viaje largo y lleno de aprendizajes, y no hubiera sido posible sin el apoyo de muchas personas a lo largo del camino. A través de estas páginas, he intentado capturar tanto el conocimiento técnico como el espíritu colaborativo que define el mundo de la programación, pero ningún proyecto de esta magnitud se logra en solitario.

En primer lugar, quiero agradecer a la comunidad de Python, que siempre ha sido una fuente inagotable de inspiración, conocimiento y apoyo. Desde los foros y grupos de desarrolladores hasta los recursos compartidos de código abierto, Python es más que un lenguaje: es una comunidad que se esfuerza por compartir y mejorar colectivamente.

Mi gratitud también va para mis amigos y colegas que me han alentado en cada paso del camino. A quienes ofrecieron sus ideas, revisaron borradores, o me ayudaron a aclarar conceptos difíciles: sus contribuciones han sido invaluables. Su apoyo me ha permitido dar lo mejor de mí en este proyecto.

Gracias especiales a mis mentores, quienes han sido guías a lo largo de mi carrera, proporcionándome no solo conocimientos técnicos, sino también una perspectiva sobre el papel más amplio que la tecnología juega en el mundo. Sus lecciones y consejos resuenan en cada página de este libro.

A los lectores de este libro, a quienes agradezco por dedicar su tiempo y energía a aprender, explorar y crecer como programadores. Este libro ha sido escrito para ustedes, con la esperanza de que encuentren en él no solo una guía técnica, sino también una fuente de motivación y de nuevas ideas.

Espero que este sea solo el principio de una carrera exitosa y llena de satisfacciones.

Finalmente, a mi familia, que ha sido mi ancla durante todo este proceso. Su paciencia, comprensión y constante aliento me han permitido continuar incluso en los momentos más difíciles. Todo lo que he logrado ha sido gracias a su amor y apoyo incondicional.

Este libro es tanto suyo como mío, y estoy profundamente agradecido por su presencia en este viaje.

¡Aquí tienes el **Capítulo Oculto: Los secretos de Daedalus**! Este capítulo ofrece una colección de trucos, atajos y técnicas avanzadas que desafían las normas convencionales de programación, proporcionando una ventaja para quienes buscan soluciones creativas y eficientes.

Capítulo Oculto: Los secretos de Daedalus

A lo largo de mi experiencia como programador, he descubierto que la clave para resolver problemas complejos no siempre reside en seguir las reglas al pie de la letra, sino en comprenderlas lo suficiente como para saber cuándo romperlas o ajustarlas. Este capítulo es una colección de esos pequeños secretos que he reunido a lo largo de los años, trucos que te ayudarán a optimizar tu código, ahorrar tiempo y abordar desafíos desde perspectivas inusuales.

1. El poder del "one-liner"

Los **one-liners** son fragmentos de código que hacen mucho en una sola línea. Si bien pueden hacer que tu código sea más difícil de leer, en ciertas situaciones pueden ahorrar tiempo y ser extremadamente útiles.

Ejemplo: List comprehension para operaciones múltiples:

```
# Sumar, restar y multiplicar en una sola línea
resultados = [(x + y, x - y, x * y) for x, y in zip(lista1, lista2)]
```

Este enfoque es excelente para evitar bucles explícitos y escribir código más compacto, siempre que no comprometa la legibilidad en proyectos más grandes.

2. Desempaquetado múltiple

Python permite el **desempaquetado múltiple** para asignar múltiples variables de forma más eficiente y elegante.

Ejemplo:

```
a, b, c = 1, 2, 3  # Asignación múltiple en una sola línea

# Intercambiar valores sin una variable temporal
a, b = b, a
```

Este tipo de trucos simples pueden reducir la complejidad en el manejo de variables y evitar errores comunes al intercambiar valores.

3. Uso inteligente de `map()` y `filter()`

Aunque las **list comprehensions** son muy poderosas, `map()` y `filter()` pueden ser aún más útiles cuando se requiere aplicar funciones a secuencias.

Ejemplo con `map()`:

```python
# Aplicar una función a cada elemento de una lista
numeros = [1, 2, 3, 4]
cuadrados = list(map(lambda x: x ** 2, numeros))
```

Ejemplo con `filter()`:

```python
# Filtrar una lista según una condición
pares = list(filter(lambda x: x % 2 == 0, numeros))
```

Este enfoque es particularmente útil cuando se trabaja con grandes conjuntos de datos, ya que `map()` y `filter()` son inherentemente más rápidos que las listas por comprensión en ciertos casos.

4. Creación de clases dinámicas

Python permite crear clases **dinámicamente**, es decir, durante la ejecución del programa. Esto puede ser útil cuando se necesita generar objetos sobre la marcha con diferentes atributos.

Ejemplo de clase dinámica:

```python
def crear_clase(nombre, atributos):
    return type(nombre, (object,), atributos)

# Crear una clase "Persona" con atributos dinámicos
Persona = crear_clase("Persona", {"nombre": "Daedalus", "edad": 33})

p = Persona()
print(p.nombre)   # Daedalus
```

Este truco puede parecer esotérico, pero tiene aplicaciones prácticas cuando trabajas con metaprogramación y código que debe ser altamente flexible.

5. Decoradores personalizados

Los **decoradores** son una de las características más poderosas de Python. Permiten modificar el comportamiento de funciones o métodos sin cambiar su código original.

Ejemplo: Decorador de cacheo simple:

```python
import functools

def cache(func):
    memoria = {}

    @functools.wraps(func)
    def decorador(*args):
        if args in memoria:
            return memoria[args]
        resultado = func(*args)
        memoria[args] = resultado
        return resultado
```

```python
    return decorador

@cache
def funcion_costo_alto(n):
    # Simulación de una operación costosa
    return sum(range(n))

print(funcion_costo_alto(1000))  # Calculado y cacheado
print(funcion_costo_alto(1000))  # Recuperado del cache
```

El uso de este tipo de decoradores puede optimizar significativamente el rendimiento de funciones que deben realizar cálculos repetidos o costosos.

6. Gestión avanzada de contexto

La palabra clave `with` en Python se usa principalmente para gestionar recursos, como archivos abiertos, pero puedes crear tus propios **gestores de contexto** usando la librería `contextlib` para controlar mejor los recursos.

Ejemplo: Gestor de contexto personalizado:

```python
from contextlib import contextmanager

@contextmanager
def abrir_archivo(nombre_archivo, modo):
    archivo = open(nombre_archivo, modo)
    try:
        yield archivo
    finally:
        archivo.close()

# Uso del gestor de contexto personalizado
with abrir_archivo("archivo.txt", "w") as archivo:
    archivo.write("Contenido del archivo.")
```

Crear tus propios gestores de contexto puede hacer que el código sea más limpio y seguro, especialmente al trabajar con recursos externos.

7. Ejecutar código en segundo plano con concurrent.futures

En situaciones donde es necesario ejecutar tareas de forma paralela o en segundo plano, la biblioteca `concurrent.futures` es una excelente opción para hacerlo sin la complejidad de manejar hilos manualmente.

Ejemplo: Ejecución en segundo plano:

```python
import concurrent.futures

def tarea_larga():
    print("Tarea en segundo plano...")
    return "Resultado"

with concurrent.futures.ThreadPoolExecutor() as executor:
    futuro = executor.submit(tarea_larga)
    print(futuro.result())  # Espera a que la tarea termine y obtiene el resultado
```

Esta técnica es muy útil cuando necesitas mejorar el rendimiento de tu aplicación o ejecutar tareas pesadas sin bloquear el hilo principal.

8. Debugging avanzado con `pdb` y `traceback`

El depurador `pdb` es bien conocido, pero combinarlo con `traceback` permite obtener detalles avanzados sobre errores en programas más grandes.

Ejemplo de uso de `traceback`:

```
import traceback

def funcion_erronea():
    raise ValueError("Error simulado")

try:
    funcion_erronea()
except:
    traceback.print_exc()  # Imprime el rastreo completo del error
```

Esto puede ser increíblemente útil cuando trabajas con grandes aplicaciones y necesitas rastrear el origen exacto de un error sin detener la ejecución del programa.

9. Atajos en la manipulación de strings

Los **f-strings** y las herramientas de manipulación avanzada de cadenas en Python pueden ahorrarte muchas líneas de código cuando trabajas con texto.

Ejemplo: f-string con expresiones:

```
nombre = "Daedalus"
edad = 33
print(f"Mi nombre es {nombre} y cumpliré {edad + 1} el próximo año.")
```

Este atajo es mucho más legible y eficiente que concatenar cadenas o usar el método .format().

10. Pensar fuera de la caja

El secreto final es quizá el más importante: **no tengas miedo de pensar fuera de la caja**. No todo en programación está escrito en piedra. A veces, las soluciones más creativas surgen cuando experimentamos y desafiamos las convenciones. No te limites a hacer lo que te dicen que funciona; prueba cosas nuevas, rompe lo que se debe romper, y encuentra caminos inexplorados para resolver problemas.

Estos "secretos" son herramientas que, bien utilizadas, pueden transformar tu forma de escribir código. Recuerda, el mejor código no es solo el que resuelve el problema, sino el que lo hace de manera elegante, eficiente y con un toque de creatividad. Espero que estos trucos te ayuden a desarrollar un estilo único como programador y a superar desafíos con soluciones innovadoras.

Fin